한국 사람들은 왜 이렇게 서로 싸울까?

조형일의 갈등 조정 ①
집단 갈등

한국 사람들은
왜 이렇게
서로 싸울까?

김왕근·조형일 지음

모두가
행복해지는
평화적 갈등 해결

페이퍼로드
paperroad

일러두기

이 책에 나오는 사람 중 일부는 실명으로, 일부는 가명으로 표기했다. 본인이 실명으로 등장하기를 꺼리거나, 실명을 기재하여 개인의 명예를 훼손할 우려가 있거나, 불필요한 갈등을 빚을 가능성이 예상되는 경우에 가명을 사용했다. 어떤 이름이 가명인지는 적시하지 않았다.

연결에 성공하면 모두가 행복해진다

홀로 고립되어 존재하는 사람은 없다. 사람은 관계를 맺을 때 비로소 존재한다. 삶의 보람이나 의미는 관계에서 비롯된다.

사랑, 자비 등의 숭고한 단어는 '관계'를 전제로 한다. 예수나 석가가 성인(聖人)인 것은 그들의 사상이 많은 사람들의 삶을 의미 있는 것으로 변화시키기 때문이다. 만약 제자들이 없었다면 예수나 석가를 성인이라고 부를 수도 없었을 것이다. 공자나 소크라테스도 마찬가지다.

사람에게는 자신의 존재를 확보하기 위한 '연결 욕구'가 있다. '연결'은 사람의 삶 그 자체이며 연결 욕구가 충족될 때 사람은 행복을 느낀다. 그러지 못할 때는 분노하거나 좌절한다.

갈등은 연결 욕구의 충돌이다. 그것은 사람, 곧 생각이 서로에게 쓰이기 위한 연결 탐색 과정이다. 그렇다면 갈등은 원래 긍정적인 것이다. 갈등이 부정적인 의미로 느껴지는 것은 그 과정이 원활히 이루어지지 않고 있는 측면이 강조되기 때문이다.

평화적 갈등 해결로서의 갈등 조정은 이 연결 탐색을 순조롭게 진행시키는 과정이다. 그것은 '상호의존성'에 기반을 둔 '열린' 체계다. "갈등 상대가 나의 논리를 인정하고 평가해야 나의 논리가 의미를 갖는다"라는 것이, 말하자면 이 책의 주장의 요체다.

폭력적 갈등 해결은 이 탐색 과정을 포기하고 인간의 문제를 비본질적 문제로 대체시켜버리는 것이다. 그것은 세상을 선악으로 나누고 "나는 선이며 상대는 악이다"라는 자기중심적 생각을 밀고 나가는 것으로, 전쟁, 법, 논쟁 등을 수단으로 한다. 폭력적 갈등 해결은 그러나 '관계'를 파탄내기 때문에 사실은 갈등을 해결하지 못하며 갈등을 잠복시킬 뿐이다. 이때 패자는 물론 승자도 불행해진다. '연결'에 실패하기 때문이다.

* * *

민주주의에서 채택하는 '다수결' 제도도 '수'의 힘을 바탕으로 하는 폭력적 제도다. 민주주의는, 이를 대체할 다른 제도가 없으므로 차선책으로 택하는 제도다. 물론 그렇게 불완전한 제도도 운영하는 사람에 따라서 평화적 갈등 해결의 수단이 될 수 있다.

그런데 한국은 아직 민주주의가 정착되지 못했다. 프랑스 문명비평가 기 소르망(Guy Sorman)은 2020년 한국 언론과의 신년 인터뷰에서 "민주주의에서는 여당과 야당이 서로 대화해야 하는데 한국은 정반대다. 서로 내전하는 분위기다. 이런 점이 한국의 민주주의를 제대로 기능하지 못하게 막고 있다"라고 지적했다.

기 소르망의 지적처럼, 한국인들은 서로 싸운다. 한국인들은 오랜 역사와 문화를 공유하고 있으며, 국내적으로 인종적 종교적 차이도 크지 않다. 그런데 왜 서로 싸우는 것일까?

좋게 말하면 그것은 한국인들의 '선비정신' 때문이다. 조선조 이래 '주자성리학'의 영향을 크게 받은 한국인은 비판 정신이 투철하다. 도덕과 정의를 앞세우고 개인의 이익에 연연하지 않으며 불의를 보고서는 참지 못한다. 한국인들은 일본인 철학자 오구라 기조가 말하는 바 '리(理)의 전쟁'*을 일상의 삶에서 펼치고 있다. "그 덕에 한국의 도덕은 영원히 풋풋하다"라고 오구라는 찬양한다.

그러나 나쁘게 말하면 그것은 또한 우리의 편협함을 드러내는 모습이기도 하다. 우리는 종종 "내가 옳다" 혹은 "우리

---

* 이에 대해서는 5장 '한국인의 갈등 구조'에서 상론한다.

가 옳다"라는 편견에 빠져들고, 타인들을 악(惡)으로 규정하려 한다. 이런 사고습성 때문에 한국인들의 갈등은 필요 이상으로 격렬하며 감정적이다. 그래서 한국인의 갈등 해결 과정에서는 '감정' 문제를 어떻게 처리하느냐가 매우 중요하게 대두된다. '이익의 조정'을 중심으로 하는 서구의 대안적 갈등 해결 방안, 즉 ADR(Alternative Dispute Resolution) 방식을 한국인에게 무작정 적용할 수 없는 것은 이 때문이다. 대신 우리는 ADR에 한국인의 특성을 적용시킨 평화적 갈등 해결(PDR, Peaceful Dispute Resolution)을 해결 방안으로 새로이 제시한다.

니체는 인간의 정신 발달을 낙타, 사자, 어린아이의 세 단계로 나눴다. 주자성리학의 한국인은 이 중 '사자'의 단계에 있다고 할 것이다. 그러나 현대는 붕당정치를 이상으로 삼는 조선이 아니라 민주주의를 공식 제도로 하는 시대다. 한국인의 위대한 선비정신이 미래를 향하려면 '사자'에서 '어린아이'로 진화해야 한다. 그러기 위해서는 자신이 어떤 사고를 하는지 볼 수 있어야 한다. 우리는 이 책을 그런 목적 하에 썼다.

*   *   *

이 책에 등장하는 인물들은 거의 모두 '평화적 갈등 해결' 자체를 인정하며 '갈등 조정'의 효과에 환호한다. 그 사람들 대부분이 처음에는 극단적인 갈등 속에 있었고 '갈등 조정'에 대해서

"그게 되겠어?"라며 회의적 태도를 취했었다는 면에서, '갈등 조정'의 위력은 이미 증명됐다고 할 수 있다.

그래도 아직 '평화적 갈등 해결'에 동의하지 않는 사람들이 많다. 사람들은 이렇게 묻는다. "'정의를 실현해야 한다'라는 주장에 그 무슨 하자가 있다는 말인가?", "정의가 왜 불의와 소통하려 하는가?" 하지만 그 사람들이 말하는 '정의'라는 것이 진짜 정의인지는 증명되지 않는다. 하나의 사고체계가 진리임이 증명되려면 외부세계, 타자(他者)가 필요하다. "자체 모순이 없는 어떤 형식체계도, 모순이 없다는 그 사실 자체를 그 체계의 논리 전개만으로는 증명할 수 없다." 이것은 20세기의 위대한 수학자 쿠르트 괴델이 '불완전성 정리'라는 이름으로 증명한 것이다.

사람은 생각하는 기계이면서 동시에 그 생각이다. 그러나 고립되어 존재하는 생각은 불완전하다. 이것을 완전하게 하는 것은 외부 세계와의 소통이다. 소통을 단절시키고 "내가 정의다"라고만 주장하면 그 사람은 정해진 프로그램에 의해 작동하는 인공지능과 다를 바 없다. 자기와 같은 생각을 갖고 있는 사람들하고만 소통하는 사람도 마찬가지다.

사람은 자신의 생각을 초월할 수 있는 존재다. 스스로를 초월하지 못하고 "지금의 내 생각이 정의"라고만 하는 집착이 사회의 소통을 가로막고 공공의 이익을 저해하고 있다. 자신이 정의인지는 자신과 생각이 다른 상대방과의 관계에서 증명되는 것이지, 상대방이 없는 것처럼 생각하고 행동함으로써 혹은 상대방을 소멸시킴으로써 증명되는 것이 아니다.

고행(苦行)이라는 오랜 실패의 경험을 딛고 깊은 성찰의 사고 끝에 깨달음을 얻었을 때, 석가모니는 그저 옅은 미소를 지었을 뿐이라고 한다. 그러나 수백 킬로미터를 걸어가 만난 제자들에게 며칠 동안 강의한 끝에 콘단냐가 다섯 비구 중 처음으로 석가모니의 깨달음을 이해했음이 드러난 순간, 석가모니는 "콘단냐가 깨달았다, 콘단냐가 깨달았다"라고 크게 소리치며 기뻐했다고 한다. 모든 기쁨과 슬픔의 감정을 초월한 듯 보이는 석가모니가 이렇게 예외적으로 호들갑스러운 반응을 보인 것은, 이 순간이 석가모니 진리의 완성을 증명한 진짜 희열의 순간이기 때문이었다. 석가모니의 진리는 콘단냐가 깨달았을 때, 콘단냐의 생각과 삶이 변할 때 비로소 완성된 것이고, 그 이후로도 계속 후손들의 깨달음으로 완성되어가는 과정에 있다고 할 수 있을 것이다.

이 책도 그 깨달음 중에 하나다. 우리는 "갈등을 전쟁이나 법, 혹은 논쟁으로 푸는 방법이 아니라 평화적으로 푸는 방법이 옳다"라는 견해에 독자들이 공감해주기를 진심으로 바란다. 그것 말고 우리의 견해가 옳음을 증명할 수 있는 다른 방법은 없기 때문이다.

다행인 점은, 오늘의 젊은이들이 어른들과 달리 유연한 사고를 하고 있다는 것이다. 청년들은 이미 구시대 사고방식의 편협함을 느끼고 있었다는 사실을, 우리는 이 책을 쓰면서 알게 됐다. 우리는 '갈등 조정'의 경험이 그들의 '깨달음'에 가속도를 더하는 효과를 가져오고 있음 또한 확인했다. 여기에서 우리는 이 시대에 희망을 품을 수 있는 가능성을 본다.

대한민국의 모든 젊은이들, 그리고 젊은이의 정신적 유연함이 소중하다고 생각하는 어른들에게 이 책을 바친다.

2020년 5월
조형일, 김왕근

차례

III 평화적 갈등 해결, 조정가의 역할은 무엇인가?

IV 답 없는 갈등, 조정으로 이렇게 해결했다

V 한국인의 갈등구조

I

평화적
갈등 해결이란
무엇인가?

폭력적 갈등 해결
vs.
평화적 갈등 해결

인간에게는 누구나 갈등이 있다. 갈등 없는 사람이 있다면 그 사람은 천사이거나 아니면 죽은 사람이다. 누구나 갈등을 갖고 있지만, 사람마다 다른 것은 그 갈등을 대하는 태도, 갈등을 푸는 방법이다.

사람들은 보통 갈등을 '나쁜 것', '피해야 할 것'으로 본다. 긍정적으로 보아도 '필요악'으로 인식하는 정도다. 이렇게 갈등을 나쁜 것으로 인식하는 세계관에서는 '폭력적 갈등 해결' 방식을 취한다. 그러나 갈등은 부정적인 것만은 아니다. 갈등은 잘만 전환되면 '삶의 에너지'가 된다. 평화적 갈등 해결에서 갈등은 오히려 관계를 더 긴밀히 하고 문제의 핵심을 볼 수 있게 하는 중요한 계기다.

폭력적 갈등 해결 방식은 갈등을 폭력으로 해결한다. 그 수단으로는 총칼, 법, 언어가 동원된다. 평화적 갈등 해결 방식은 갈등을 대화와 소통으로 해결한다.

갈등을 '총칼'로 해결하는 것에는 글자 그대로의 전쟁이 있다. 전쟁을 하면 승자와 패자가 생기고, 양측 모두에 지울 수 없는 상흔을 남겨버린다. 갈등을 법으로 해결하는 것은, 폐해가 큰 '사적(私的) 보복'을 피해서 사회의 권위와 질서에 의지하는 것이지만, 이 또한 승패가 있는 것이며 폭력이 개재하는 일종의 전쟁이다. 말로 하는 전쟁도 있다. 갈등을 놓고 "누구 입장이 옳은지"를 겨루는 이 방법도 폭력적 방법이며 승자와 패자가 갈라지는 방법이다. 조선시대의 붕당정치가 자주 그런 방향으로 흘렀다.

폭력에 의한 방법은 파괴적이다. 이 방법을 채택했을 경우, 갈등 자체는 해결한 것처럼 보일지 몰라도 갈등 당사자로서의 인간 혹은 인간관계는 온전치 못하게 된다. 사실은 갈등 자체도 진정으로 해결되는 것이 아니다. 무력으로, 법으로, 말로 싸워서 패했을 때 패자는 보통 승자를 인정하지 않고 '권토중래'를 꿈꾼다. 갈등이 해결되는 것이 아니라 잠복하는 것이다. 패배는 한으로 남아 두고두고 관계를 해친다. 갈등은 참는다고 해서, 시간이 흐른다고 해서 저절로 없어지지 않는다. 갈등은 이유 없이 생기지도 않고, 해결하려는 노력 없이 소멸되지도 않는다. 억눌린 갈등은 어떤 계기가 주어지면 폭발한다. 명절을 겪고 나서 생기는 이혼으로서의 '명절이혼' 혹은 '총기 난사' 같은 '묻지마폭행'도 같은 예다.

결국 유일한 방법은 평화적 갈등 해결이다. 갈등은 대화와 소통으로, '평화적으로' 해결해야 한다. 이는 상호의존적인 시각으로 세상을 봄을 뜻한다. 여기에는 승자도 없고, 패자도 없다. 갈등 상대를 적으로 보는 경우가 있고, 갈등 상대를 가족이나 친구로 보는 경우가 있는데 원만한 갈등 해결을 위해서는 양자 모두 바람직하지 않다.

제1원칙,
상대는 적이 아니라 문제 해결자다

평화적 갈등 해결 방식은 대화와 소통을 주된 수단으로 활용한다. 앞에서 말했듯, 이는 상호의존적인 시각으로 세상을 봄을 뜻한다. 사람에 따라 다르지만, 갈등 상황일 때 상대를 보는 경우는 대체로 두 가지다. 하나는 갈등 상대를 적으로 보는 것이며, 다른 하나는 갈등 상대를 가족 혹은 친구로 보는 것이다. 당신이라면 어떤 경우를 선택하겠는가? 어느 것을 정답이라고 부르겠는가? 사실, 정답은 없다. 뭘 선택하든 같다는 의미에서 이렇게 말하는 것이 아니다. 원만한 갈등 해결을 위해서는 두 경우 모두 바람직하지 않다.

　갈등 상대를 적으로 본다면 대화를 통해 갈등을 해결하기 어렵다. 적이란, 반드시 굴복시키고 이겨야 하는 대상이기 때문이다. 갈등 상대를 가족이나 친구로 보는 경우도 마찬가지다. 이 경우, 갈등 당사자는 갈등을 해결하기보다 참고 양보하는 모습을 보이는 경우가 많다. 내 편이니까, 맘에 들지 않고 옳지 못하다고 생각해도 굳이 그걸 들추어내는 일은 삼간다. 그러나 이는 자기 자신을 향한 폭력이다.

적으로도, 가족이나 친구로도 보지 않아야 할 또 다른 중요한 이유는 그것이 우리의 판단을 방해하는 선입견으로 작용하기 때문이다. 상대를 적으로 보든 혹은 친구로 보든 모두 다 '진영논리'에 빠지는 것이 되고 만다. 정말 따라야 할 진실이 무엇이든, 적이니까 제압해야 하고 친구니까 보듬어야 한다는 것이 진영논리다. 갈 데까지 간 정치에서는 진영논리가 대부분의 갈등을 좌우한다. 회사에서도, 진영논리가 극심하면 사내정치로 조직이 붕괴한다.

그렇다면 갈등 상대를 어떻게 봐야 할 것인가? 갈등을 올바로 해결하기 위해선 갈등 상대를 '문제 해결자'로 바라봐야 한다. 내 갈등 해결의 키를 쥐고 있는 사람은 상대방이다. 현재의 갈등이 빚어진 것도 상대 때문이지만 결국 그 갈등을 해결할 수 있는 사람도 상대방이라는 것을 인정해야 한다. 상대방에게도, 나는 갈등 유발자이고 동시에 문제 해결자다. 이렇게 생각하면 문제는 상호의존적으로 해결할 수 있다. 나와 상대방이 동등해지면, 거친 언어와 법이 아닌, 대화와 소통을 주된 수단으로 사용할 수 있는 여지가 생겨난다.

■

제2원칙,
유일한 도구는 협상과 조정이다

갈등 상대를 이해다툼을 하는 '적(敵)'이나 선(善)을 실현하는 데 방해가 되는 '악(惡)', 혹은 나와 이해관계를 함께하는 '내 편'으로 생각하는 것이 아니라 내 문제를 해결할 '문제 해결자'로 생각하는 것. '상호의존적' 세계관을 갖고 대화와 소통을 수단 삼아 갈등을 해결하는 것이 '평화적 갈등 해결'이다.

평화적 갈등 해결의 방법으로는 협상과 조정이 있다. 협상이란 갈등의 당사자들이 대화를 통해 합의를 이루는 것으로 이에 대해서는 이 책의 2장에서 주로 설명할 것이다. 조정이란 갈등 당사자들이 합의를 이루도록 중재하는 과정으로, 여기에는 당사자만이 아닌 제3자, 즉 조정가가 필요하다. 조정에 관한 내용은 이 책의 3장에서 본격적으로 다룬다.

갈등을 해결하는 데, 협상과 조정은 알파이자 오메가다. 갈등 해결학이 발원한 서구에서는 협상과 조정으로 갈등을 해결하는 방법을 '대안적 갈등 해결'(ADR. Alternative Dispute Resolution)이라 명명했다. 이는 힘이나 법 같은 기존 방법이 아닌 새로운 갈등 해결 방법이라는 뜻이다. 그러나 이는 "무엇무엇이 아니다"라는 부정의 표현이어서, 그 내용에 대한 정보를 아무것도 제시해 주지 않는다.

그래서 우리는 비폭력 갈등 해결(NVDR, Non-Violence Dispute Resolution)이라는 용어를 제시하려 한다. 폭력적 방법이 아닌 '비폭력적 방법'이라는 긍정의 의미를 분명히 담고 있는 용어다. 다른 표현으로, 평화적 갈등 해결(PDR, Peaceful Dispute Resolution)이라 부를 수도 있는데, 비폭력보다 더 적극적으로 평화를 함의한 이 말이 책에서는 더 자주 쓰일 것이다. 같은 의미로 '협조적 갈등 해결'이라는 말도 책에서 종종 사용할 텐데, 이는 '대립적 갈등 해결'의 반대말이자 갈등 해결의 유일한 도구인 '협상과 조정'을 함축하는 말로, 역시 필자들이 제안하는 용어다.

제3원칙,
성공적 해결 여부는 4가지 기준으로
판단한다

갈등이 잘 해결됐는지 아닌지를 판단하는 기준은 무엇일까? 갈등 해결학에서는 주로 신속한 해결, 당사자가 모두 만족하는 해결, 인간관계가 복원되는 해결, 재발하지 않는 해결의 4가지를 든다. 이런 기준을 적용해보면, 모든 면에서 평화적 갈등 해결이 폭력적 갈등 해결보다 우수함을 알 수 있다.

1

갈등이 신속하게 해결되었는가?

갈등은 가능하면 신속하게 해결돼야 한다. 가장 중요한 이유는, 감정을 다치지 않아야 하기 때문이다. 갈등은 주로 당사자들의 이해관계가 충돌하면서 발생한다. 갈등이 일단 발생하면, 갈등 당사자 간에 불신, 분노, 적개심이 생겨난다. 이 부정적인 감정은 갈등을 방치하면 방치할수록 점점 더 쌓여가게 되고, 나중에는 애초에 생겼던 갈등보다 갈등으로 인해 생긴 감정적 요소로서의 적대감이 더 큰 문제가 된다. 이 때 갈등은 쉽게 치유하기 어려운 단계로 진입한다.

그런데 평화적 갈등 해결은 다른 방법들보다 갈등 해결 속도가 빠르다. 무엇보다 폭력적 갈등 해결에서는 감정 해결에 관심이 없지만, 평화적 갈등 해결에서는 감정의 문제를 해결의 최우선 순위에 둔다.

2
당사자가 모두 만족하였는가?

갈등 해결이 일방의 양보를 전제로 하는 것이라면 그것은 진정한 해결이 아니다. 좋은 갈등 해결은 양보가 아니라 구성원 모두 자기의 원하는 것을 확보하는 것이다. 그런데 이것이 가능할까? 대부분의 갈등에서 그게 가능하다.

갈등의 내면을 깊숙이 들여다보면 갈등 당사자들이 서로 다른 것을 원하는 경우가 많다. '족제비 소송 이야기'라는 옛이야기가 있다. 사냥꾼이 족제비를 활로 쏴서 맞혔다. 하지만 족제비는 바로 쓰러지지 않고 비실비실 달아났다. 이 족제비를 지나가던 선비가 손으로 붙들었다. 사냥꾼과 선비는 모두 이 족제비의 소유권이 자신에게 있다고 주장했다. 그래서 이 둘은 결국 원님 앞으로 가서 재판을 받기로 했다.

어떻게 결론이 났을까? 원님은 둘에게 각자 원하는 것이 무엇이냐는 질문을 던졌다. 사냥꾼은 장에 내다 팔 족제비 고기를 원했고, 선비는 붓을 만들 수 있는 족제비 꼬리를 필요로 했다. 재판정에서 원님은 사냥꾼은 고기를, 선비는 꼬리털을 가져가라고 했고 이에 사냥꾼과 선비 둘은 모두 만족하며 돌아갔다. 여기서 원님이 한 행동이 바로 평화적 갈등 중재다.

한 치의 양보가 없는 다툼도 잘 들여다보면 양방이 원하는 것이 서로 다르고, 겹치지 않는 경우가 대부분이다. 이런 경우에는, 긴밀한 소통만으로도 갈등이 해결된다. 물론 이보다 해결이 어려운 갈등도 많다. 그러나 그 때에도, 머리를 맞대면 모두가 만족하는 합의안을 만들 수 있다. 당사자가 모두 만족하는 갈등 해결의 예는 이 책의 4장에서 풍부하게 제시될 것이다.

3
인간관계가 복원되었는가?

갈등을 신속하게 해결하고, 갈등으로 인한 감정의 문제도 해소하며, 갈등 당사자들이 모두 만족하게 되면 손상된 인간관계도 자연스레 복원된다. 이는 폭력적 갈등 해결에서는 꿈도 꿀 수 없는 것이다. 총칼을 통한 갈등 해결은 깊은 상처를 남긴다. 대한민국에는 일제강점기로부터 시작해 한국전쟁, 군사정권 등을 거치면서 국민들에게 한이 맺혀 있고, 그 한이 풀어지지 않고 있다. 법을 동원한 싸움에서, 재판에서 진 측은 "내가 재판에서 진 것이지 네가 옳고 내가 그른 것이 아니다"라는 마음을 갖게 되는 경우가 대부분이다. 가족 간 갈등에서도, "자녀의 미래를 위한 방법은 내가 더 잘 안다"라는 부모의 착각이 부모 자녀 간의 관계 자체를 망가뜨리는 일이 많다. 그러나 협상과 조정의 자세로 갈등에 임하면 인간관계는 손상되지 않고 복원된다. "비 온 뒤에 땅이 굳어진다"라는 말은, 갈등을 협조적 자세로 해결했을 때, 평화적 방법으로 풀었을 때에만 해당되는 말이다.

4
갈등 재발의 불씨가 완전히 사라졌는가?

앞서 든 3가지 기준, (감정 문제가 발생하지 않는) 신속한 해결, 모두가 만족하는 해결, 당사자의 관계가 평화적으로 복원되는 해결이라면 이는 곧 갈등이 재발하지 않는 해결이라고 할 수 있다. 갈등이 재발한다 함은, 갈등을 근본적으로 해결한 것이 아니라 단순히 '봉합'했음을 의미한다. 갈등의 폭력적 해결은

'사태'에만 주목하고 '사람'은 보지 않기 때문에 봉합에 그치고 말며 갈등이 재발한다. 그러나 '평화적 갈등 해결'은 갈등 당사자의 감정을 풀고 속마음을 다 반영해서 문제를 해결하므로 갈등 재발의 불씨를 남기지 않는다. 다만 갈등 당사자들이 협상안을 이행하는 과정에서 능숙하지 못하면 갈등이 재발할 수 있으므로 주의해야 한다. 이에 대해서는 4장 갈등 조정 사례 중 '플랜트 노조' 편에서 상세히 다루겠다.

생활 속의 갈등 조정

2019년 가을, 조정가는 베트남 패키지 여행을 다녀왔다. 패키지 여행은 저렴하고 편리하고 안전하다는 장점이 있지만 여행 중 가이드가 강요하는 옵션*이 종종 여행객과 가이드 간 갈등으로 확대되어 여행객의 기분을 망칠 수 있고, 가이드도 여행객으로부터 받는 '불만족' 평가로 불이익을 받곤 한다.

11명으로 구성된 이 패키지 여행에서 가이드는 6개의 옵션을 요구하였고 추가 비용은 1인당 240불이었다. 그러나 여행객 중 6개 옵션 모두를 원한 사람은 없었고, 서로 다른 4개 정도의 옵션을 원했다. 여행객들은 회의 끝에 비용도 150불 정도가 적당하다고 의견을 모았다.

여행객과 가이드 간 감정적 갈등으로 번질 수 있는 이때에 조정가가 나서서 상황을 파악했다. 여행객의 속마음은 240불이 너무 비싸다는 것이었다. 가이드의 속마음은 6개 모두를 팔고 싶다는 것이었다. 그렇게 해야 회사로부터 좋은 평가를 받고 다음 여행에서 큰 단체여행을 수주 받아 많은 이익을 받을 수 있기

---

* 옵션이란 여행사에서 제공하는 기본 프로그램(상품) 이외에 여행객이 선택할 수 있는 특별 프로그램(상품)을 의미한다. 예를 들어 기본 식사는 도시락으로 하며 이는 이미 지불한 여행비에 포함되지만, 여행객은 현지의 해산물특별음식을 추가 비용을 지불하고 먹을 수 있는 것이다.

때문이었다. 특히 일부가 옵션 여행에 불참할 경우 그들에 대한 별도의 안전 대책을 세워야 하는데 이는 보통 번잡한 일이 아니었다.

조정가는 대화를 통해 여행객들과 가이드의 속마음을, 핵심 이해관심사를 파악했다. 여행객에게는 낮은 가격이, 가이드에게는 옵션여행 불참자가 없도록 하는 것이 가장 중요했다. 그래서 조정가는 "6개 옵션을 모두 선택하되 가격을 조정하자"라는 안을 냈다. 가이드는 흔쾌히 회사와 조율을 통해 비용을 낮춰주겠다고 했고 여행객들도 6개의 옵션에 모두 참가하기로 했다. 비용은 1인당 200불로 조율했다.

가이드 입장에선 6개 상품을 모두 판매하여 좋은 평가를 받을 수 있게 되었고, 여행사 입장에서는 총 매출액에서 큰 차이가 없었으며, 여행객은 낮은 가격에 옵션 여행을 했으므로 삼자가 모두 만족했다.

||

평화적 갈등 해결,
어떻게 진행하나?

전제 조건,
과거도 미래도 아닌 현재에 집중하라

평화적 갈등 해결, 즉 협조적 갈등 해결은 갈등 당사자들이 어떤 감정과 생각을 갖고 있는지, 지금 현재 당면하고 있는 문제는 무엇이며 어떻게 해결할 수 있는지에 집중한다. 당사자들의 심리 분석이나 갈등의 근본 원인 혹은 역사적 기원을 찾는 등의 노력은 하지 않는다. 오히려 이런 데에 정신이 팔리면 '지금 여기'에서의 문제 해결 맥락을 놓칠 우려가 있다.

갈등을 해결하는 프로세스도 기계적으로 적용된다. 핵심 지침은 5가지다. 그것은 "감정과 문제를 분리하라", "숨겨진 속마음을 찾아라", "모두가 만족할 협상안을 만들어라", "공정한 방법, 객관적 기준을 마련하라", "협조에 실패했을 경우의 대안을 확보하라"이다. 갈등 해결에 임했을 때, 이 다섯 개 지침을 머리에 새기고 이를 적용한다는 마음가짐으로 임하면 일을 그르치는 일은 없을 것이다.

이 지침들은 대체로 앞에서부터 순서대로 적용된다. 그래서 '갈등 해결 5단계'라는 이름이 붙은 것이다. 갈등 해결을 위해서 가장 먼저 해야 할 일은 "감정과 문제를 분리하는"일이며 그다음에는 "숨겨진 속마음을 찾는"일이고 그다음도 순서 대로다. 다만, 다섯 번째 "협조가 실패했을 경우의 대안을 확보하라"는 갈등 해결 과정 내내 머릿속에 떠올려야 한다.

제1단계,
감정과 문제를 분리하라

갈등을 해결하기 위해서 실상과 대면하면, 보통은 풀어야 할 문제와 감정이 뒤섞여 있음을 보게 된다. 갈등은 처음에 상호 이해관계 등의 충돌에서 출발하지만 거기에 이내 감정이 들러 붙으면서 심각하고 큰 갈등으로 발전한다. 이는 눈이 많이 쌓인 언덕에서 작은 공을 굴렸는데, 거기에 감정이라는 눈이 겹겹이 붙어 큰 눈덩이가 되는 것에 비유할 수 있다. 이 경우, 눈을 깨든지 녹이든지 해야 최초의 작은 공에 닿을 수 있다. 이처럼, 갈등을 해결하기 위해선 먼저 감정과 문제를 분리해야 한다. 그리고 감정과 문제 둘 중에서 감정 문제를 먼저 해결해야 한다.

이를 모르는 사람들은 "뭐가 문제야?", "누가 잘못했어?"

라며 감정은 놔둔 채 문제에 먼저 접근하여 시시비비를 가리려 든다. 하지만 격앙된 감정을 가진 채로는 갈등 당사자가 문제를 정확히 인식할 수 없다. 당연히 상대와 소통을 할 수도 없다. 이래서는 갈등 해결이 더욱 어려워질 뿐이다.

감정을 먼저 잘 풀어서 문제를 해결한 사례로 원자력발전소 대 원전 주변 마을 주민들과의 갈등을 예로 들 수 있다.

양측이 대립하는 주제는 '집단 이주'였다. 주민들은 원자력발전소 때문에 자신들이 위험에 노출되니 집단 이주를 시켜달라고 요구했다. 그러나 주민들의 거주지는 발전소 주변 '안전 제한 구역' 밖에 있었으므로 규정상 이주 대상이 되지 않았다. 해결책이 보이지 않았으므로 발전소 측은 조정가를 불러 문제 해결을 의뢰했다.

조정가는 마을 비상대책위원들을 만나서 이야기했는데, 주민들은 다음과 같은 말을 하면서 한탄했다. "원전으로 인해 주민들 사이에 두통이 발생하고 암이나 이상한 질병으로 아픈 사람도 많다. 농사를 지을 만한 땅은 모두 원자력발전소 부지로 수용되면서 제대로 경제적 활동도 하지 못해 마을 사람들이 떠나고 있다. 그런데도 발전소 측 사람들은 주민들의 이런 고통을 외면하고 책임의식도 없다"

이것이 바로 마을주민들이 갖고 있는 감정이었던 것이다. 조정가는 발전소 측에 주민들의 그 마음을 이해하고 달래주라고 제안했다. 발전소 측은 "그러면 주민들이 그렇게 된 사태에 대해서 책임지라고 하고 더 많은 요구를 할 것이다"라면서 펄쩍 뛰었다. 조정가는 "마음을 알아주는 것과 책임지는 일은 전혀 별개의 일이다. 주민들의 마음을 알아주는 것은 갈등 해결의 한 단계에서 필요한 일일 뿐이다. 그걸 근거로 주민들이 한전에 과도한 책임을 요구하더라도, 한전 측이 동의하지 않으면 합의가 안 되는 것이다. 조정은 양측이 모두 만족해야 하는 것이며, 한전 측이 불만족하면 그것은 최종 해결안이 될 수 없다. 발전소측에는 언제든 합의를 무효화시킬 수 있는 권한이 있다. 이것은 주민들도 마찬가지다. 그러니 걱정할 것 없다"라고 설득했다.

결국 협상 대표들은 2차 회의 회의록에 "발전소측은 주민들이 발전소로 인하여 심적, 육체적, 경제적 고통을 겪고 있음에 공감한다"라는 표현을 적고 주민들에게 이를 공람시켰다. 그러자 주민들은 "우리의 마음을 30여 년 만에 처음으로 알아주었다"라면서 기뻐했다. 이렇게 하여 서로 간의 공감대가 넓어지고 신뢰가 형성되자 양측은 해결 방안에 대해서 머리를 맞댔다. 그 결과 '집단이주'에 대해서는 '안전 제한 구역'과 관련한 법률 규정을 바꾸는 장기적 대책을 세우고, 단기적으로는 주민들의 다른 요구사항들을 들어주면서 갈등이 해결될 수 있었다.

감정을 푸는 여러 가지 수단

감정을 푸는 데는 '언어'가 좋은 수단이 된다. 그러나 감정을 푸는 데 꼭 언어가 필요한 것은 아니다.

한번은 70이 된 어머니와 40대 아들이 10년간 쌓인 갈등을 해결해달라고 조정가를 찾아왔다. 그래서 이 갈등을 푸는 데 한번에 2시간씩 세 번 만나기로 했다.

조정가는 첫날 어머니에게 물었다. "모자가 이 자리까지 오게 된 사연은 무엇인가요?" 그러자 어머니는 말없이 눈을 감고 있다가 이내 눈물을 흘렸다. 그 눈물은 그치지 않았고, 나중에는 통곡이 되었다. 어머니가 울기만 하니 얘기를 할 수 없었고, 1차 만남은 '울음'으로 끝났다.

1주일 후 2차 회의가 시작되었다. 이번에는 조정가가 아들에게 질문했다. "지난번에 어머니가 내내 우셨는데, 그런 어머니의 모습을 보고 어떤 느낌이 들었나요?" 그러자 아들은 크게 한숨을 쉬고는 창문 밖을 응시했다. 그는 이후 아무 대답 없이 침묵을 지켰고 간간이 한숨만 내쉬었다. 2차 회의는 '침묵'과 '한숨'으로 지나갔다.

다시 1주일 후 3차 회의가 열렸다. 조정가는 "이 문제를 어떻게 해결하면 좋겠습니까?"라고 물었다. 모자는 각자 자기의 생각을 얘기했고, 조정가는 차분히 생각의 차이점을 좁혀나가도록 도왔다. 이렇게 할 수 있었던 것은, 앞서 있었던 두 차례 조정회의의 힘이었다. 아무런 말도 오가지 않았지만, 갈등의 두 당사자가 한 공간에서 같이 마음을 풀었기 때문에 비로소 '문제 해결'에 집중할 수 있게 된 것이었다.

갈등의 내용은 사실 크게 심각한 것도 아니었다. 갈등 당사자들이 "갈등을 풀어야겠다"라고 생각하고 자리를 같이 했는데 풀지 못할 만큼의 심각한 일이 있을 리가 없다. 다만, 오랫동안 여러 문제들로 인해서 섭섭한 마음이 있었고, 함께 자리를 같이 하기도 어려웠으며 그것이 한이 되었던 것이다. 그렇게 마음속 응어리를 푸는 것이 갈등 해결의 핵심이었다. 그래서 조정가는 3회 조정회의 중에 2회를 '마음을 푸는' 데 썼던 것이다.

제2단계,
숨겨진 속마음을 찾아내라

갈등이 발생하면 당사자들은 매우 강력하게 자신의 주장을 펼친다. 하지만 소리 높여 얘기하는 그 주장에 갈등 당사자의 속마음이 있는 경우는 별로 없다. 많은 경우 체면, 정당성, 대중적 공감 등을 위해 자신의 속마음을 숨긴 채 혹은 속마음과는 무관한, 거창한 주장을 하는 경우가 많다. 오구라 기조는 한국인의 '일거수일투족이 주자학'이라고 말한다. '옳고 그름'을 따지는 도덕적 감정을 인간이기 위한 근본 전제로 삼고 있다는 뜻이다. 이런 자세는 갈등의 현장에서도 면면이 드러난다. 속마음보다는 '옳음'에 기초해 주장을 내세우고, 서로 자기의 주장이 옳다고 여기기 때문에 상대방의 주장을 받아들이려 하지 않는 것이다.

이런 경우에 그 '주장'은 들어주기도 어렵고, 들어준다고 해서 갈등이 꼭 풀리는 것도 아니다. 갈등을 해결하기 위해서는 주장이 아니라 주장 밑에 숨겨진 속마음의 요구를 찾아서 해결해야 한다.

주장은 빙산의 일각과 같다. 수면 아래에 있는 빙산의 실체는 근심걱정, 두려움, 오해, 자존심, 실제 원하는 다른 것 즉 '이해관심사'의 형태로 존재한다. 이런 속마음을 파악하여 해결 방안을 마련하는 것이 갈등 해결의 핵심 과정인 것이다.

앞서 예로 든 '원자력발전소와 주민 간의 갈등'도 실질적 속마음을 찾아서 문제를 해결한 경우이다. 주민들은 집단 이주를 강력하게 주장했지만, 이면에 있는 속마음은 자신들의 건강, 농사지을 공간, 교통사고 위험 등의 문제였다. "주민들의 심적, 육체적, 경제적 고통"에 공감하여 신뢰를 얻고 진정한 소통을 시작한 발전소 측은 주민들의 이러한 속마음까지 파악한 후에 그 해결에 나섰다. 그리하여 원자력 발전소로 인해 마을 주민들이 건강을 해쳤을 가능성이 있으니 정기적인 검진을 받을 수 있게 하는 등 건강증진 대책을 세웠다. 발전소가 들어서면서 마을에 제대로 농사지을 공간이 부족해졌으니 마을의 공동사업을 통한 수입 확보를 위해 경제적 지원을 하기로 했다. 발전소 관련 차량의 출입로가 마을 한가운데를 통과하면서 차량 사고 위험이 생겼으니 차량 우회로를 신설했다. 이렇게 해서 주민들의 강력한 요구였지만 규정상 들어줄 수 없었던 '집단 이주'를 실행하지 않고서도 갈등이 해결됐다.

갈등 해결을 위해서는 속마음, 이해 관심사를 파악하는 것이 중요하다. 속마음은 어떻게 파악하는가? 당사자에게 '질문' 함으로써 파악한다. 자신의 주장을 강하게 펼치는 갈등 당사자에게 왜 그런 주장을 하는지, 주장을 하는 실질적 이유는 무엇인지를 물음으로써 알아내는 것이다. 위의 예에서는 그것이 쉽게 드러났다. 사실 속마음은 원래 그렇게 쉽게 드러나는 것이다. 왜냐하면 누가 속마음을 들어주면 사람들은 안도감을 느끼기 때문이다. 문제는 그 속마음을 들어주지 않는 데 있다.

물론 속마음을 털어놓게 만들기 위해서는 그렇게 할 수 있도록 여건을 조성해야 한다. 때로 창의적인 질문도 필요하다. 4장 갈등 조정사례에서 나오는 대구도매시장 시설 현대화 과정에서의 갈등 해결 과정은 속마음을 묻는 질문의 좋은 예를 보여준다. 대구도매시장 상인들은 노후화한 시설을 다 부수고 기존 시장 부지에서 재건축해야 한다는 파와 더 넓고 수요가 많은 새로운 곳으로 이전해야 한다는 파로 갈려 심각한 갈등 상황이 전개됐다. 이때 조정가는 재건축파에게 "어떤 조건이라면 이전에 찬성하겠는가?"를, 이전파에게는 "어떤 조건이라면 재건축에 찬성하겠는가?"를 물었다. 그러자 그들은 '재건축'과 '이전'에 가려져 있던 속마음을 세세하게 얘기하기 시작했고, 그렇게 드러난 '자기 이익'들을 모두 충족시키는 안을 만들어냈다. 그것은 이전도 재건축도 아닌 제3의 안이었다. 사실 "재건축이냐 이전이냐"는 상인들의 속마음을 담아낼 수 있는 질문이 아니었는데 정치 상황에 따라 이슈가 이렇게 정리되니 당사자들은 속마음과 무관하게 마음에도 없는 답변을 했고 그래서 갈등이 풀리지 않고 심화됐던 것이다.

제3단계,
모두가 만족할 협상안을 만들어라

감정과 문제를 분리하고 속마음을 파악한 이후 돌입하는 '갈등 해결 3단계'는 '당사자 모두가 만족할 협상안 만들기'다. 이렇게 말하면 가장 먼저 들어오는 질문은 "그게 가능하냐"라는 것이다.

한마디로 답하면, 가능하다. 가능할 뿐 아니라, 갈등 해결의 필수 조건이다. 당사자가 모두 만족하지 못한다면 그것은 원래 의미의 갈등 해결, 즉 '평화적 갈등 해결'이 아니다. 만족하지 않지만 강압적 분위기 때문에, 주변 눈치 때문에 혹은 "내가 양보하지"라는 마음으로 합의했다면 그것은 여전히 갈등 해소가 되지 않은 상황이다.

당사자 모두 만족할 협상안을 만드는 일은 생각보다 쉬

울 수도 있다. 갈등 당사자들이 사실은 같은 것을 원하고 있을 경우, 간단한 소통만으로도 갈등은 해결된다.

밀양 송전탑 사건은, 인체에 유해할 수 있는 송전탑의 고압 전자파를 우려해 밀양 시민과 일부 환경단체들이 송전탑 건설을 반대하면서 한국전력과 충돌한 사건이다. 주민들은 2008년 7월 송전선로백지화 궐기대회를 연 후 지속적으로 반대 투쟁을 벌였고, 2013년 12월 주민 한 명이 음독자살을 했으며 또 한 명이 자살 기도를 하는 등 극한의 갈등이 이어졌다.

밀양 송전탑반대대책위원회에는 이슈가 송전탑 문제에 집중되지 않고 사망 사건으로 분산되는 상황, 유가족을 위한 보상 문제를 자신들이 책임져야 하는 상황이 부담으로 다가왔다. 그래서 조정가에게 문제 해결을 위한 조정을 요청했다. 한전 측도 흔쾌히 조정에 동의했다. 한전이 건설하는 송전탑 문제와 관련해서 자살 사건이 이어지는 것은 한전의 이미지에 큰 타격이 되기 때문이었다.

그리하여 보상을 둘러싼 조정이 시작됐다. 유가족측은 송전탑이 죽음의 원인이므로 한전측에서 사과와 보상을 해야 한다고 주장했다. 한전측은 "개인적 죽음이므로 법적 책임은 없다"라고 주장하면서도 '죽음'이라는 냉엄한 상황에 대해 성심으로 임하겠다는 입장이었다.

유가족측은 "법적 책임을 물을 근거가 없다"라는 점을 인식했고, 또 밀양 송전탑투쟁이 끝나기 전에 합의하는 것이 유리하다고 판단했다. 한전측에서도 '죽음' 문제를 빨리 털어버리는 것이 장기적인 전략에서 중요하다고 생각했다. 그리하여 보상 비용 면에서 유연성을 발휘해 양측은 전격 합의에 이르렀다. 이는 갈등의 당사자들 모두 '조기 타결'을 원했고, 이에 대해 적절히 '소통'했기 때문에 가능했다.

물론, 사건이 복잡해서 창의적인 해결 방안을 모색해야 하는 경우도 많다. A 신도시 청소과가 '쓰레기 산' 문제를 해결한 것은 창의적 갈등 해결의 모범사례라고 하겠다.

'쓰레기 산'이란, 신축 아파트 단지 옆 야산에 방치된 대규모 쓰레기를 지칭하는 말이었다. 이 쓰레기 산 때문에 악취가 났고 벌레가 들끓었으며 미관도 해쳤기 때문에 집값마저 떨어질 것이 우려되자 아파트 주민들은 시청에 가서 시위를 벌였다.

시청은 업무가 마비됐다. 그러나 이 문제를 해결할 수는 없었다. 엄청난 양의 쓰레기를 치우려면 수천만 원이 들 텐데, 쓰레기가 쌓여 있는 야산이 사유지이기 때문에 지자체 예산을 사용할 수 없었던 것이다. 시청은 사망한 토지 주인의 자녀들(3남1녀)에게 연락하여 쓰레기를 치울 것을 명령하고 과태료도 몇 차례 부과하였지만 자녀들은 모두 "나 몰라라" 하고 있는 상태였다. 우선 예산을 편성하여 쓰레기를 치운 뒤 토지 소유주에게 구상권을 행사하여 비용을 환수하는 방법이 있지만, 이 '쓰레기 산'의 경우 소유주가 사망하고 자식들 간 통상 3∼5년이 걸리는 상속 소송, 재산분할 소송 중이었기 때문에 섣불리 그런 조치를 취할 수도 없었다. 토지 소유주 자녀들로서도, 쓰레기를 치울 돈은 상속이 완료돼야 생길 수 있는 상황이었다.

그래서 A신도시는 갈등 조정가에게 문의했다. 조정가는 시청 청소과장을 통해서 당사자들의 속마음을 파악했다. 주민들은 쓰레기를 치우고 주말농장을 운영하고 싶어 했다. 시청은 청소비를 댈 '구상 대책'이 마련되기를 원했다. 토지 소유주들은 토지 상속이 완료될 때까지 기다려주기를 원했다.

"그러면 이렇게 하면 되지 않을까요?" 조정가는 시청 직원에게 아이디어를 말했다(이렇게 갈등 해결과 관련한 아이디어를 제공하는 것을 '갈등 코칭'이라고 한다). "시청이 먼저 쓰레기를 치우고 그 토지를 주말농장 부지로 활용할 수 있게 합시다. 부녀회가 10만 원씩 사용료를 받고 주말농장을 주민들에게 분양하면 1년에 1500만 원씩을 마련할 수 있습니다. 이 돈의 일부를 쓰레기 처리비로 사용하기로 하고, 대신 토지 소유주는 5년 동안 토지에 대한 재산권을 행사하지 않기로 하는 겁니다." 시청은 조정가의 코치에 따라 주민 대표, 토지 소유주 대표에게서 이 안에 대한 합의를 이끌어냈고 갈등은 해결됐다. 시청은 청소 비용을 마련했고, 주민은 쓰레기를 처리하고 주말농장 운영을 할 수 있었으며 토지 소유주는 쓰레기 처리 비용을 내지 않을 수 있었다.

제4단계,
공정한 방법, 객관적 기준을 마련하라

갈등은 갈등 당사자 모두가 만족할 때 해결된다. 그러나 모든 갈등에서 모든 당사자가 만족한 해결을 할 수 있는 것은 아니다. 어떤 갈등에서는, 끝까지 견해가 대립하여 갈등이 해결되지 않을 수도 있다. 그럴 때 차선책으로 취하는 것이 네 번째 단계의 수칙 "공정한 방법, 객관적 기준을 마련하라"이다.

여기서 공정한 방법이란, '공정한 절차'를 말한다. 예컨대 민주주의에서의 '선거제' 같은 것이다. 대통령을 뽑는 데 국민들의 의견이 갈리기 때문에 "다수가 선택한 사람을 대통령으로 하자"라고 약속을 하고 선거 결과에 따르는 것이 선거 제도다. 그리고 자기가 표를 던지지 않은 사람이 당선되더라도 그를 대통령으로 인정하는 것이다.

어린 두 아들에게 빵 하나를 나누어 주어야 할 때, 한 사람에게 빵을 나누게 하고 다른 한 사람에게 선택권을 주는 절차도 공정한 방법의 한 예가 될 것이다. 회의를 할 때, 참가자들 모두에게 발언권을 준다거나 혹은 제비뽑기로 발언자를 선택하는 것도 절차적 공정성을 지키려는 노력의 예라고 할 수 있다. 이런 방안들은, 모두가 만족하지는 못해도 거부감 없이 따를 수 있게 하는 방법은 될 것이다.

2017년, 신고리 5,6호기 원전을 계속 가동해야 하느냐 아니면 정지시켜야 하느냐의 문제에 대해서 첨예한 의견대립이 있었을 때 각 계층별로 국민을 대표할 수 있는 사람들을 차출해서 그들로 하여금 숙의 끝에 결정하게 한 것도 '공정한 방법'의 한 예라고 할 수 있다.

객관적 기준이란 내용의 공정성을 말하는 것으로 법과 규정 혹은 객관적 데이터, 그리고 사회적 통념과 관습, 관례 등을 말한다. 어쨌거나 갈등 당사자들 다수가 납득할 수 있는 것을 기준으로 채택해야 한다.

산업재해(産業災害)의 경우 회사는 가급적 적은 보상액을, 유족은 많은 보상액을 제시하며 대립한다. 이럴 때 '어떤 기준'으로 보상액을 책정할 것인가를 생각하는 것이 긴요하다. 호프만식 계산법(피해자가 장래 거두게 될 총수입에서 중간이자를 공제한 것을 배상액으로 하는 것)이 많이 참조되지만 이 외에도 '최근 언론에 이슈가 되었던 사망 사건'을 참조할 수도 있다.

제5단계,
상대가 두려워할 대안을 확보하라

협상은 상대가 있는 것이어서 내가 바라는 대로만 되는 것이 아니다. 그러므로 갈등 당사자는 협상이 깨질 가능성도 항상 염두에 두어야 한다. 또 갈등 상대방에게 "네가 협상에 응하지 않으면 나는 이렇게 할 거야"라고 압박할 '카드'가 있어야 한다.

이 '카드'는 협상이 결렬됐을 경우 내가 취할 수 있는 대안으로, 협상 과정에서 상대방에게 두려움을 일으켜 협상 촉진의 역할을 하게 된다. 사측과의 임금협상이 잘 진행되지 않을 경우 노동조합이 "협상이 결렬되면 파업하겠다"라고 하는 것이 '상대가 두려워할 대안'으로서의 '압박 카드'다.

"파업을 해야 한다"라는 것은 협상에 임하는 집행부에 반대하는 사람들의 의견이다. 조직 내에서 나를 반대하는 사람들의 안(案)이 대외적으로는 '카드'가 될 수 있는 것이다. 그러므로 협상을 반대하는 사람이나 찬성하는 사람이나 모두가 나의 소중한 지지 세력이다.

카드를 잘 사용한 사례로 청계천 복원을 둘러싼 서울시와 청계천 상가 상인 간의 갈등이 꼽힌다. 서울 청계천은 1960년에 복개돼 도로가 형성됐고 1969년에 그 위에 청계고가도로와 삼일고가도로가 건설됐다. 산업화와 근대화 과정에서 나름의 역할을 한 이 고가도로들은 세월이 흐르면서 노후화됐고 붕괴의 위험에 직면했다. 서울시는 "훼손된 서울의 얼굴을 새롭게 단장하고 인간 자연 문화가 공생하는 환경친화적 도시를 만든다"라는 기치 하에 고가도로 철거와 청계천 복원을 실시하기로 했다.

그러나 서울의 최대 상권으로 발전한 청계천 상인 6만 명 중 5천 명이 청계천 상권수호대책위원회를 결성하여 "상인들의 생존권을 보장하라"라며 반대했다. 서울시는 황학동에 만물시장을, 문정동에 물류단지 부지를 조성하고, 상인들이 이리로 이전할 것을 권고하면서 업종전환시 지원 방안까지 마련하겠다고 했다. 그러나 상권수호대책위는 3년 동안에 발생할 영업 손실 보상금 수천억 원을 요구하였고 협상은 결렬될 위기에 봉착했다.

이때 서울시가 '카드'를 제시하자 흐름이 일거에 바뀌었다.

상인들은 서울시의 지원 방안을 수용하고 이전에 순순히 협조하게 된다. 서울시가 내놓은 카드는 무엇이었을까? 그것은 "상인들이 주장하는 대로 청계천 복원을 하지 않겠다. 하지만 삼일고가와 청계고가가 노후화되어 붕괴 위험이 있으므로 고가도로를 전면 재시공하겠다"라는 것이었다.

서울시의 계획은 청계천로 전체에 펜스를 치고 3년에 걸쳐 공사를 하겠다는 것이었다. 국민의 안전을 위해 보수공사를 하겠다는데 반대할 명분은 없었다. 결국 상인들은 "3년 동안 영업을 할 수 없다면 서울시가 이미 제안한 이전 장소 제공과 지원 대책, 그리고 제한적이긴 하지만 보상금을 받는 편이 낫다"라고 생각할 수밖에 없었다.

상대가 두려워할 대안으로서의 '압박 카드'는 이처럼 "협상이 최선"임을 증명하는 수단이며 협상력을 높여주는 매우 중요한 요소다. 협상이 결렬될 경우의 카드가 마련돼 있지 않다면, 그것은 정책의 유연성이 모자라다는 뜻이고, 스스로 막다른 골목으로 몰릴 위험성이 있다는 것이며 결국 협상안 자체가 아직 완성돼 있지 않음을 의미한다.

평화적 갈등 해결의 3가지 장점

평화적 갈등 해결의 장점은 첫째, 적용하기 쉽다는 것이다. 평화적 갈등 해결, 특히 조정에 갈등 당사자 양측이 동의하여 조정 테이블에 나서는 경우에는 90% 이상 조정이 성공할 것이라고 볼 수 있다. 보통 소송에 의한 해결보다 해결 기간도 더 짧다. 평화적 갈등 해결에 있어서 굳이 어려운 점을 꼽는다면, 이미 마음이 돌아선 갈등 당사자들로 하여금 협상이나 조정 테이블에 나오게 하는 것이다.

두 번째 장점은 배우기 쉽다는 것이다. 갈등 해결을 위해서, 예컨대 심리적 기법을 사용하는 경우가 있다. 갈등 당사자들의 심리 상태 분석을 통해서 갈등을 해결하는 이 방법도 나름의 장점이 있겠지만, 심층 교육과 오랜 임상 경험이 있어야만 습득 가능하다. 평화적 갈등 해결 방식은 3장에서 나오는 '5단계 해결법'만 익히고 약간의 실습만 해 본다면 누구나 적용할 수 있다. 실제로 그렇게 단기간에 이 방법을 익혀서 독자적으로 갈등을 해결하는 경우가 4장 '갈등 조정 사례'에도 간간이 나온다.

다만, 갈등 해결과 관련된 잘못된 인식과 습관을 버려야 한다. 조정의 경우 조정가가 중립을 지켜야 하고, 철저하게 갈등 당사자들이 아이디어를 내게 해서 자율적으로 해결하게 해야 하는데, 선입견이 있는 성인들은 수십 시간 강의와 실습을 해도 이 부분에서 어려움을 겪는 경우가 종종 있다. 자기가 갖고 있는 기존의 가치관, 갈등의 진정한 원인으로서의 심층심리가 무엇인가에 대한 집착, 혹은 자기가 문제를 해결하겠다는 과도한 열정이 문제가 되는 것이다. 그러니까 성인의 경우, 평화적 갈등 해결을 위해서는 자신의 편견을 바로보고 마음을 비우는 '성찰'에의 노력이 필요하다. 반면 선입견이 없는 '백지상태'로서의 중고등학생은 4~5시간 정도 특강만으로도 친구들과의 갈등 해결에 성공하는 경우가 많다.

세 번째 장점은 후유증이 없다는 것이다. 전쟁이나 법률에 의존하는 혹은 '옳고 그름'을 따지는 폭력적 갈등 해결 방법에서는 누가 이기든 '관계'가 망가지는 등 후유증이 심하다. 그러나 평화적 갈등 해결에서는 협상이나 조정에서 성공하면 관계가 좋아진다. 실패하더라도 최소환 관계가 악화하지는 않는다. 그래서 협상이나 조정에 나선 사람의 만족도는 매우 높다.

III

평화적 갈등 해결,
조정가의
역할은 무엇인가?

조정의 꽃, 갈등 조정가

평화적 갈등 해결 중에 협상과 조정이 있다. 이 중에 협상은 갈등의 당사자들이 자율적으로 갈등을 해결하는 것이고, 이 책의 2장에서 주로 다룬 내용이다. 한편 조정은 당사자가 아닌 제3자로서의 조정가, 즉 갈등 조정가가 그 해결 과정을 촉진시키는 것이다. 그런데 평화적 갈등 해결에서 말하는 갈등 조정가는 일반적인 조정에서의 갈등 조정가와는 조금 의미가 다르다.

우리 사회에서 '조정'은 주로 법률 용어로 쓰이는데 "법원이 당사자 사이에 끼어들어 쌍방의 양보를 통한 합의를 이끌어 냄으로써 화해시키는 일"을 의미한다. 이때는 법원을 일종의 갈등 조정가라고도 해석할 수 있겠다. 그러나 평화적 갈등 해결 과정으로서의 조정에서는 '양보'를 강요하지 않는다. 평화적 갈등 해결 과정에서 갈등은 갈등 당사자의 자율에 의하여 해결하며 조정가는 엄밀하게 '촉진자'에 머문다.

조정은 사회의 노동 부문에서도 쓰인다. 이때 조정은 "사회 노동 쟁의가 해결되지 않았을 때 노동위원회에서 선출한 조정 위원이 노사 쌍방의 의견을 듣고 조정안을 작성·제시하여 쟁의가 해결되도록 노력하는 일"이라는 의미를 갖는다.

노동위원회에서는 갈등 당사자를 압박하는 방식의 조정 방식을 종종 활용한다. 조사관은 사측 당사자를 조사하면서 "당신들이 법을 위반한 측면이 있기 때문에 심각한 문제가 발생할 수 있다"라며 겁을 준다. 노측 당사자 조사 때도 마찬가지다. 그런 후 양 당사자에게 조정관이 제시한 조정안을 받을 것을 요구한다. 갈등 당사자는 압력에 굴복하여 조정안을 수용하지만 이내 후회하곤 한다.

평화적 갈등 해결과정으로서의 조정에서는 이런 일은 없다. 조정안은 갈등 당사자들이 제안하고 용어를 다듬으면서 만들어낸다. 다만, 갈등 당사자들이 이런 일에 서툴기 때문에 조정가가 중간에 서서 도움을 주는 것이다.

조정 과정에서 조정가의 역할은 막중하다. 재판 과정에서는 판사, 검사, 변호사가 재판 진행에 관여한다. 조정에서는 조정가가 이 역할들을 모두 맡는 셈이 된다. 때로 조정가가 복수로 참여하는 경우도 있지만, 그 때도 재판정에서의 판사 검사 변호사처럼 역할을 인위적으로 나누지는 않는다.

조정가의 역할 제1단계,
조정의 성립

조정 계약이 성립하는 과정은 두 가지다. 하나는 갈등 당사자들이 조정가에게 조정을 의뢰하는 것이고, 다른 하나는 조정가가 갈등 당사자들에게 제안하는 것이다.

첫 번째 경우는 갈등 당사자들의 조정에 대한 이해, 조정가에 대한 신뢰가 있는 경우이니 조정은 쉽게 성립한다. 이 경우 조정의 규칙이나 과정을 중심으로 설명하면 된다.

그러나 한국에서 조정에 대한 이해는 부족하다. 조정가에 대한 신뢰가 있는 경우도 드물다. 따라서 조정은 조정가가 갈등 당사자를 찾아서 제안함으로써 이루어지는 경우가 많다.

갈등 당사자들은 선뜻 조정에 나서지 않는다. 그들은 보통 조정이 정말 효과가 있을지 의심한다. 설혹 내가 조정에 나선다고 해도 상대방이 나서지 않을 것이라고 생각한다. 또, 조정에 나서서 상대방과 말을 섞었을 때, 그 말을 빌미로 상대방이 나를 공격하면 어떡하나 등등의 걱정을 한다.

이럴 때 조정가는 당사자들로 하여금 조정에 나서지 못하게 하는 장애 요인이나 두려움을 제거해주어야 한다. 그 방법은 세 가지다.

첫째, 당사자들에게 조정에 응한다고 해서 손해볼 것이 없음을 인식시킨다. 조정은 절대적으로 자발성에 의존하며, 갈등 당사자들이 원할 경우 언제든지 조정을 백지화할 수 있다. 이런 사정을 모르고 조정에 응하면 무조건 조정가의 의견 대로 끌려가기만 할 거라고 지레 짐작하는 당사자들이 많다.

두 번째 방법은 비밀의 원칙을 설명하는 것이다. 조정 과정에서 나온 말들은 원칙적으로 모두 비밀이 준수된다는 점을 주지시킨다. 이런 설명은 갈등 당사자들이 조정 과정에서 속내를 털어놓도록 하는 데도 적지 않은 도움을 준다.

마지막으로, 조정가는 절대적으로 중립을 지킬 것이라는 믿음을 심어주어야 한다. 이렇게 신뢰가 확보된 이후, 갈등 당사자들이 "조정에 동의한다"는 '조정 동의서'를 쓰면 갈등 조정이 시작된다.

조 정 동 의 서

당사자들이 다음의 사항들에 동의한다는 조건하에 조정회의 시작에 합의한다.

1. 당사자는 조정을 요청한 당사자들을 가리킨다.

2. 조정자를 포함하여 모든 조정 당사자는 언제든지 조정을 포기할 수 있다.

3. 당사자들은 향후 본 조정과 관련하여 증언을 하게 하거나 어떤 문건을 작성하게 하도록 부탁이나 강요, 법원에 소환하는 행위를 하지 않는다.

4. 조정자가 조정과 관련하여 작성한 메모는 어떠한 것이든 그 조정자의 것이며, 조정이 종료되면서 파기시킨다. 조정자는 당사자들이 조정을 위해서 제출한 모든 자료들도 조정의 종료와 함께 파기시킨다.

5. 조정 과정은 철저히 비밀리에 진행된다. 조정자를 포
   함하여 당사자들과 조정의 참여자들은 조정에 대해서
   철저히 비밀을 유지할 것이며, 향후 어떠한 모임이나
   문건을 통해 조정에 관한 정보를 공개하지 않는다.

6. 당사자들은 아래에 서명함으로써 각자 이 동의서를
   준수하도록 하는 모든 권한을 가지고 있음을 인정
   한다.

작 성 일 : 2020 년 00 월 00 일

당사자들과 조정자는 성실하게 조정에 임할 것을
동의하고 서명합니다.

당 사 자

성   명: _____ (서명)

성   명: _____ (서명)

조 정 자

성   명: _____ (서명)

조정가의 역할 제2단계, 갈등 분석

갈등을 조정하기 전에 조정가는 보통 갈등 분석을 한다. 갈등의 이해당사자가 누구인지, 주장은 무엇이며 속마음은 무엇인지, 불신의 원인은 무엇인지, 대화를 통한 문제 해결 의사가 있는지, 만약 대화를 거부한다면 그 이유는 무엇이며 대화 진행을 위한 조건은 무엇인지 등을 분석하는 것이다.

갈등 분석을 하게 되면 갈등 당사자들의 드러난 주장뿐 아니라 숨겨진 이해관심사를 찾을 수 있어서 신속하고 효율적인 조정 진행을 할 수 있다. 또 조정가가 이해당사자를 사전에 만나고 인터뷰하고 교감하는 과정에서 조정가에 대한 당사자의 신뢰를 확보하게 돼 합의 가능성을 높일 수 있다. 조정가는 갈등 당사자들의 주장, 감정, 이해관심사(속마음), 갈등을 해결하기 위한 공평한 방법 및 객관적 기준, 갈등 당사자들이 두려워할 대안 등을 표로 정리해서 머리에 입력해둔다.

갈등 분석이 쉬운 일은 아니다. 우선 누가 갈등의 당사자인지를 이해하는 일부터 쉽지 않다. 강화도에 전원 공급을 위해 송전선로와 송전탑을 건설하기 위해 행했던 갈등 분석은 대표적인 실패 사례다.

강화도는 섬 전체가 국가 문화재인 토성으로 둘러싸여 있어서 아무데나 송전탑을 세울 수가 없었다. 그런데 이미 설치된 송전선로와 송전탑이 있는 지역은 문화재법의 규제를 뚫을 수 있는 여건을 갖추었기 때문에, 이번에도 그 지역을 통해 송전탑과 송전선로가 설치될 예정이었다. 그러나 마을 주민들은 "왜 우리 마을에만 볼썽사나운 송전탑이 들어서야 하느냐"라며 사업 주체인 한국전력과의 대화 자체를 반대했다.

한전의 조정 의뢰를 받은 조정가는 마을에 거주하는 모든 사람들을 한 사람 한 사람 만나서 대화 거부 이유와 대화 재개 조건을 일일이 확인했다. 이 과정에서 마을 성공회 신부와 가톨릭 신부가 주민들에게 영향력이 크다는 사실까지도 파악했다. 주민들의 대화 반대 이유는 "송전선로 계획은 확정된 것이고 따라서 대화가 아무런 의미가 없는 것이 아니냐"라는 것이었다. 조정가는 "마을 주민들의 동의를 통해 송전선로 계획안을 다시 만들겠다"라는 한전 사장 명의의 약속을 받아주었고 대화가 재개될 수 있었다.

그런데 주민들이 갑자기 대화 거부로 선회했다. 은퇴 후 귀농을 위해 이 마을에 농장을 짓고 있는 이해당사자가 있었는데 마을에 주소를 갖고 있지 않은 그 사람의 존재를 조정가가 확인하지 못한 것이 실착이었다. 그 사람은 바로 한전 임원으로, 퇴직을 몇 개월 앞두고 있는 그 사람이 "한전의 약속은 거짓"이라며 "송전탑이 들어오면 부동산 값이 하락하니 무조건 반대해야 한다"라고 마을 사람들을 설득하자 조정가가 들인 그 동안의 공이 모두 수포로 돌아간 것이다.

조정가의 역할 제3단계,
조정의 진행

조정가는 첫 만남에서 조정의 목적과 방법을 말하고, 조정의 3대 원칙을 설명하며 대화 규칙을 제정한다. 조정의 목적과 방법에 대해서는 예컨대 "조정은 제3자인 조정 전문가의 도움을 받아 당사자가 자율적 의지에 의해 참여하고 스스로 해결책을 만들어 가는 과정입니다. 허심탄회한 대화를 위해 논의되는 모든 내용은 비밀로 하며, 조정가는 중립적 위치에서 균형 있는 진행을 합니다. 조정은 당사자가 원하지 않으면 언제라도 중단됩니다"라고 말한다. 대화 규칙은 "동등한 발언 기회를 갖도록 한다.", "서로 생각의 차이가 있음을 인정하고 상대의 발언 내용이 내 의견과 다르더라도 말을 끊지 않는다.", "회의 도중에 화를 내고 자리를 뜨는 일은 삼간다." "회의 진행 중에는 핸드

폰을 받지 않는다" 등을 들 수 있다.

그 뒤에는 갈등 당사자들의 입장을 들으며, 추가 질문을 통해서 그들의 이해관심사, 속마음 등을 파악한다. 주장과 속마음이 파악되었으면, 그 내용들이 포함된 중립적인 의제 두세 가지를 정한다. 의제는 갈등 당사자의 의견을 포함해 중립적으로 표현한다.

의제는 미래를 위한 건설적인 것으로 전환할 수도 있다. 지리산댐을 건설하겠다는 국토부와 댐 건설을 반대하는 반대대책위원회 간 조정 과정에서 댐 건설 찬반 논의가 아닌 '지리산 치수 대책 방안'에 대해 논의하도록 한 것은 미래지향적이고 생산적인 논의를 위한 의제 전환의 좋은 예라고 할 수 있다. 이는 4장에서 구체적으로 설명한다.

광주시청과 철거민 사이의 조정도 의제 전환의 훌륭한 예다. 광주광역시청 앞에서 "철거 보상이 실제 내 토지 면적에 비해 너무 적었다"라며 매일 장송곡을 틀어놓고 항의를 하던 철거민이 있었다. 그는 10여 년간 시위를 이어갔고, 공무집행방해 및 집회및시위에관한법률 위반으로 2차례 구속되는 등 많은 고초들 당하였다. 그러나 시청 공무원들도 이 철거민 때문에 골머리를 앓았고, 결국 시청 및 한국토지주택공사측과 이 철거민 사이에 조정이 진행됐다. 토지주택공사는 "철거 보상 관련 소송이 대법원 결정까지 난 상황이어서 더는 보상 문제를 논의하기는 어렵다"라는 입장이었다. 조정가는 "이 철거민이 고통을 끊고 행복한 삶을 살 수 있도록 광주시청과 토지주택공사가 지혜를 모으자"라고 제의했고 공공기관에서는 "법적 보상이 아닌 도의적 논의라면 가능하다"라고 했다. 그 결과 의제는 '000 주민의 행복한 삶을 위한 기관의 협조 방안'으로 정해졌고 비로소 조정이 시작됐다.

조정가의 역할 제4단계, 개별 회의

개별 회의는 회의 과정에서 감정이 격앙되는 등 이유로 논의 진전이 어려울 경우, 혹은 합리적 해결안을 찾으려 할 경우 조정가가 한쪽의 당사자와 비공개로 만나 논의하는 것이다. 물론 조정회의 시작 전에 개별 회의는 조정회의 진행을 위한 중요한 수단임을 사전에 공지하여야 한다. 조정회의를 하다가 회의를 정회하고 개별 회의를 하는 경우도 있고, 매 조정회의가 끝난 후 정기적으로 개별 회의를 열기도 한다. 이때는 지난 회의에 대한 정리 평가와 함께 향후 조정회의에서 진전된 안을 도출하기 위한 숙의를 한다.

비용이나 보상과 관련된 조정회의의 경우 상대방이 있는 자리에서 선뜻 자신이 요구하는 금액을 제시하기 어렵다. 이렇게 '내 속'을 드러내기가 찜찜할 때, 개별 회의에서 조정가와 상담하는 것이 도움이 된다. 조정가는 두 당사자가 생각하는 보상 금액의 차이가 크지 않으면 조정회의에서 논의토록 하고, 차이가 클 경우에는 차이를 좁힐 수 있는 방안이나 객관적 기준 등을 논의한다.

조정가의 역할 제5단계,
합의서 작성

조정회의는 '합의서 작성'이라는 일차적 목적을 향해서 달려가는 과정이라고 할 수 있다. 조정가는 갈등 당사자들의 의견이 일치하는 항목을 중심으로 합의서를 작성한다.

합의서의 작성에는 주의를 기울일 점이 몇 가지 있다. 우선 조정은 자율적인 것이므로 합의서의 문구는 철저히 당사자들의 의견을 반영해야 한다. 합의서는 최대한 구체적으로 작성해야 하며, 이행 약속과 재발 방지 관련 사항이 포함되도록 작성해야 한다.

합의서는 당사자의 이해관심사를 모두 충족하는 내용으로 조정가가 정리하며, 문구에 대한 갈등 당사자들의 확인 및 수정 보완을 통해 완성한다. 당사자가 집단인 경우에는 당사자

간 가합의서 작성 후 조직으로부터의 인준을 받아 정식 발효됨
을 명시한다. 또, 회의 참석자가 총괄적으로 충분히 설명하기
어려우면 조정가가 조직의 내부 설명회에 참석하여 추가 설명
을 하는 것이 인준을 받는 데 도움이 된다.

조정의 3원칙,
중립, 비밀유지, 자율성

조정을 위해서 조정가가, 그리고 협상 당사자가 지켜야 할 3원칙이 있다. 그것은 중립의 원칙, 비밀유지의 원칙, 자율성의 원칙이다. 조정을 거부하는 갈등 당사자를 설득하게 위해 조정가가 미리 설명하는 내용이기도 하다.

1
중립의 원칙

어떤 갈등 사안을 접할 때, 누가 옳고 누가 그른지에 대한 생각을 갖지 않기는 어렵다. 누가 더 피해자라는 인식, 누가 더 정의롭지 못하다는 생각을 갖게 되는 것은 보통의 사람들에게 매우 자연스러운 일이다. 하지만 조정가라면 절대 그런 판단을 해서는 안 된다.

갈등 해결에 있어서 가장 큰 장애물은, 갈등을 옳고 그름의 시각으로 보고 옳은 것을 드러나게 하려는 태도다. 특히 조정가에게 이런 시각은 상극이다. 만약 갈등의 한쪽 당사자가 옳고 다른 쪽 당사자가 그르다는 생각이 든다면 조정가는 그럴 때마다 "나는 중립적이다"라는 말을 되새기면서 조정에 임해야 한다.

조정가는 양 당사자가 원하는 것을 함께 토론하고 서로 받아들일 수 있도록 하는 판의 개설자이고 협상의 촉진자이지, 진실의 판단자이거나 정책의 결정권자가 아니다. 조정은 당사자의 자율 의사에 의해 시작되고 당사자의 의지에 의해 언제든지 중단될 수도 있는 것이다. 만약 조정가가 한쪽 당사자의 편에 서거나 그렇게 유도하려고 한다면 조정은 실패하고 말 것이다. 왜냐하면 조정이란, 모두가 만족하는 협상안에 합의하는 것이기 때문이다.

재판 과정과 비교해보면, 조정가의 역할이 더욱 분명해진다. 재판에서는 변호사들이 원고와 피고의 이익을 대변하고 판사가 재판의 진행을 맡아 중립적인 입장에서 판단한다. 갈등 조정에서는 변호사와 판사의 역할을 모두 조정가가 맡는 셈이 되지만 진행을 맡아 중립적인 입장을 취할 뿐, 판단을 내리지는 않는다는 점에서 차이점이 있다. 평화적 갈등 해결에서 조정은 조정가의 판단이 아닌 갈등 당사자들의 자발적인 합의에 의해 이뤄지기 때문이다. 아무리 속으로 "나는 중립적이다"고 되뇌며 냉철한 판단을 내려 본들, 조정가가 판단을 맡는 순간 그 자리는 평화적 갈등 중재의 자리가 아닌, 냉엄한 법과 판결의 잣대가 휘둘러지는 법정으로 변하고 만다. 조정가가 판단을 내려서는 안 되며, 그 무엇보다 조정가에게 중립의 원칙이 중요한 것은 이 때문이다.

중립을 지키는 것은 어렵다. 교육을 많이 받은 사람일수록, 기성 가치 체계를 체득한 사람일수록 더 어렵다. 차라리 선입견이 없는 중고생들이, 조정을 배우면 쉽게 이를 적용하여 주변의 갈등을 조정한다.

2
비밀유지의 원칙

비밀유지의 원칙이란, "조정 과정에서는 조정회의 진행 내용을 비밀에 부친다"라는 원칙이다. 처음 조정회의가 성립할 때, 조정가는 당사자들에게 "조정회의 내용에 대해서 절대 비밀을 지킬 것이며, 향후 이를 폭로하거나 선전 등에 활용하지 않겠다"라는 약속을 서면으로 받는다. 조정가 또한 별도의 허락 없이는 조정 내용에 대해서 함구할 것임을 주지시킨다.

물론 합의안에 서명이 되면 합의 내용을 공개한다. 그러나 합의에 실패하면 조정회의 내용은 '매몰 처리'된다. "합의에 실패할 경우 조정 과정을 없던 일로 하고 누구도 이에 대해서 언급하지 않는다"라고 약속하는 것이다.

비밀을 유지하는 것은, 조정을 진행하기 위한 필수 조건이다. 조정이란, 갈등 상대방과 속 깊은 얘기를 하고 서로 무엇을 원하는지 허심탄회하게 드러내면서 각자의 욕망을 다 충족시킬 협상안을 찾는 과정이다. 그런데 조정회의에서, 혹은 조정회의를 위한 개별 회의에서 한 말들이 외부로 새어나가는 환경이라면 갈등 당사자들이 속마음을 얘기하기가 어려워진다. 회의 내용이 공개되기 시작하면 회의장을 협상과 조정이 아닌 '진영논리'가 지배하게 되기 때문이다. 거기에서는 갈등 당사자들이 자기네들의 '주장'만을 되풀이하지, 그들의 가치관, 편견, 두려워하는 것, 실제 원하는 것 등의 속마음은 절대 말하지 않는다. 기싸움이 벌어지는 공개회의, '진영논리'의 싸움판에서 자신들이 정말로 원하는 것을 말한다면 이는 전략을 노출하는 셈이 되며 조직을 배반하는 일이 되기 때문이다. 사실은 공개회의에서도 진리를 말하는 용기가 필요하며 그것을 용인하는 문화가 필요하지만, 이를 기대하는 것은 매우 어려운 일이다.

그러면 "비밀이 끝까지 잘 유지될 것인가?"라고 의문을 제기할 수도 있을 것이다. 그러나 비밀을 유지하겠다고 약속하고 신뢰 속에서 조정회의를 진행한 사람들은, 보통 그 약속을 지킨다. 이 책에 등장하는 조정가 참여의 십여 건 조정 중에 비밀 유지 원칙이 지켜지지 않아 문제가 된 적은 한 번도 없었다.

3
자율성의 원칙

협상이나 조정은 자율에 의한 것이다. 조정가는 이 원칙을 철저히 지켜야 한다. 자율에 의해서 갈등을 해결할 때, 가장 효율적인 그리고 완전한 갈등 해결이 될 수 있기 때문이다. 자율성의 원칙은 첫 번째 원칙인 중립의 원칙과 상통하는 점이 있다.

　재판에서는 원고와 피고가 서로 다투고 판결은 판사가 한다. 판사는 원고와 피고의 잘잘못을 가려, 그들의 과거 행위에 대한 과보(果報)를 정한다. 반면에 조정에서는 갈등 당사자들이 자신들의 욕망에 맞추어 미래를 어떻게 만들지를 설계한다. 조정에서 갈등 당사자들에게 최대한의 자율이 보장되며 또한 요구되는 것은 이 때문이다.

　보통 조정은 재판보다 더 신속하게 진행된다. 그럼에도 불구하고 조정가는 때로 조정을 더 빨리 진행시키고 싶은 유혹에 빠진다. 갈등 당사자들이 조정가에게 의지하고 싶은 마음이 생기는 경우도 있다. 그러나 이런 유혹에 빠지면 자율의 원칙을 침해하게 되어 효율적이고 완전한 조정에 실패할 가능성이 높아진다.

조정회의를 진행하면서 해결안이 잘 나오지 않을 경우, 갈등 당사자들은 "양측 당사자들의 의견을 충분히 들었으니 이제 조정가가 안을 제시해달라"라는 요청을 하기도 한다. 하지만 조정가가 그 요청에 응해선 안 된다.

갈등 당사자들은 조정가가 낸 해결안이 자신들에게 유리하면 수용할 것이고 조금이라도 불리하다고 생각하면 거부할 것이기 때문이다. 또, 합의안에 서명한 이후에라도 미리 생각지 못한 불합리가 느껴지면 그들은 조정가에게 불만을 갖게 되고 책임을 묻게 될 수도 있다. 조정가가 어느 경우에도 '촉진자'에 머물러야 하는 구체적인 이유다.

'자율'이 왜 중요한지를 보여주는 사례로 한국토지주택공사의 지방 이전 사례를 들 수 있다. 노무현 정부는 서울에 있는 주택공사를 진주 혁신도시로, 토지공사는 전주-완주혁신도시로 이전하기로 하였다. 그러나 이후 주택공사와 토지공사가 통합하여 한국토지주택공사가 되면서 이 토지주택공사가 어디로 이전해야 하느냐의 문제가 생겼다.

진주시는 토지주택공사가 진주로 가야 한다고 주장했고 전주시는 주택과 토지를 분리하여 토지 분야는 전주로 이전되어야 한다고 주장했다. 이것이 사회적 갈등으로 발전했다. 두 지역의 지자체나 의회, 시민대책위원회에서 성명서, 집회, 항의 삭발 등이 이어진 것이다.

결국 중앙정부가 해결책을 만들어 시행했다. "토지주택공사는 하나의 기관이어서 나눌 수 없으니 통째로 진주로 이전하고, 진주로 이전하기로 결정된 공공기관 중 토지공사와 비슷한 외형을 갖춘 국민연금공단을 전주로 이전한다."

정부는 이런 해결책을 발표하면서 매우 절묘하고도 공평한 조치라고 생각했을 것이다. 그러나 현실은 달랐다. 진주시는 토지주택공사의 진주 이전은 당연하지만 국민연금공단은 토지주택공사와 전혀 별개의 문제인데 왜 진주시의 동의 없이 일방적으로 전주로 이전했느냐고 반발했다. 전주시도 토지주택공사가 통합하여 진주로 간 것은 호남을 배제한 정치 논리라며 반발했다.

만약 정부가 중재안을 내는 것이 아니라 "일정 시간 내에 양 지자체가 협상을 해서 합의점을 찾지 못하면 이전안을 백지화한다"라고 발표했다면, 그러면서 정부의 해결책을 슬그머니 흘렸다면 어땠을까? 양 지자체단체장은 정부 안과 비슷한 내용에 합의하지 않았을까? 그렇다면 왜 현실에서는 반발했을까? 자신들이 낸 안이 아니기 때문에, 즉 지자체의 자율성이 손상됐기 때문이었다.

4

보충: 비밀유지와 소통의 관계에 관하여

조정에서 비밀유지의 원칙은 중요하다. 그러나 협상 대표와 구성원 간 소통도 그에 못지않게 중요하다. 비밀유지는 중요하지만, 그 범위는 어느 정도 합의된 기준이 있어야 한다. 이런 합의가 필요한 이유는, 모든 구성원이 협상 테이블에 앉아 직접 참여하지는 못한다는 현실적 이유 때문이다. 여기서 기준이란 대체로 회의 결과를 정리한 회의록이 되는 경우가 많다.

조정은 갈등 상대와 먼저 감정 문제를 해결하고, 그다음에 갈등의 양 당사자가 모두 만족하는 협상안을 찾는 과정이다. 이 과정을 거치면서 협상 대표들은 상대방에 대해 일종의 유대감을 갖게 된다. "우리가 이 갈등을 치유함으로써 서로에게 좋은 결과를 내고 지긋지긋한 갈등을 종식시키며 새로운 미래를 연다"라는 꿈도 갖게 된다. 이것은 매우 혁명적인 경험이다. 진영논리에 휩싸여 상대를 악마로 여겼던 갈등 당사자는 "상대도 나처럼 갈등으로 고뇌한다"라는 사실을 알게 되며, 무엇보다 양자 모두 만족하는 해결책이 있다는 사실의 발견으로 환희에 젖는다. 그러나 이는 조정회의에 참가하는 인원에만 해당하는 이야기다.

조정회의에 참가하지 않은 일반 구성원들은 그런 경험을 하지 못한다. 그런 상황에서 협상 대표가 갑자기 "협상안이 타결됐다"라고 선언하면 구성원들은 당황한다. "우리가 그동안 투쟁했던 결과가 겨우 요거야?"라고 생각하고 "협상 대표들이 상대에게 뇌물을 먹은 것 아냐?"라는 생각까지 하게 된다. 협상 대표들은 그런 비판에 대해 설명할 마음의 준비나 논리적 준비가 돼 있지만, 상대를 적으로 생각하며 감정적 갈등을 털어내지 못한 구성원들에게 이런 논리는 그리 잘 먹히지 않는다.

그러므로 협상 대표는 협상을 진행하는 과정에서도 자신들의 경험을 구성원들과 일정 정도 나눠야 한다. 논의의 진전이 어디까지 갔는지, 핵심 쟁점, 상대의 진심, 우리의 전략은 각각 무엇인지 등에 대해서 최소한의 설명을 함으로써 각 단계에 해당하는 공감대의 진전이 있어야 한다. 조정가는 조정회의를 할 때마다 협상 대표들이 어디까지 합의를 했고 어떤 쟁점이 남았는지에 대해서 정리하고 양측으로부터 서명을 받는다. 그리고 회의 참가자들은 회의록에 정리된 내용에 한해서 조직원에게 조정의 진행 상황을 공개한다.

협상 대표는 협상의 중간결과로서의 회의록을 바탕으로 협상의 진전 상황을 구성원들에게 보고하고 설명하고 설득해야 한다. 그래서 구성원들과 어느 정도의 공감대를 형성하면서 조정회의를 진행해야 한다. 그렇게 하지 않으면 나중에 어렵게 합의한 합의안이 휴지조각이 되고 구성원들은 서로에게 상처받으며 공동체가 파괴되는 불행을 맞는다. 4장에 나오는 갈등조정 사례 중 노량진 수산시장의 합의안, 그리고 플랜트노조의 1차 합의안이 조직 내 소통을 소홀히 함으로써 조합원들의 비준을 받지 못한 불행한 경우에 해당한다.

"비밀의 원칙을 지키면서도 소통을 소홀히 하지 말라"라는 말은 "신속하고 정확해라"라는 말과 비슷하다. 신속하려면 정확하기 어렵고 정확을 기하려면 신속하기 어렵다. 그러나 신속과 정확은 모두 놓칠 수 없는 가치다. 신속하지 못해서 때를 놓쳐도, 정확을 기하지 못해도 일을 그르친다. '비밀의 원칙'과 '소통의 중요성'도 마찬가지다.

묻고 답하다 –
갈등 조정을 모르는 사람들이
흔히 하는 질문과 그 대답들

Q. 내게 닥친 갈등은 절대 대화로 해결되지 않을 것
   같은데요?

상대방과의 갈등의 폭이 깊을수록 갈등 해결 가능성
에 대해 의문을 갖습니다. 그 의문은 "나는 합리적인데
상대방은 전혀 합리적이지 않고 무리한 요구를 하고
있다"라고 생각하기 때문이지요. 그래서 "상대방이 변
해야 갈등이 해결된다"라고 생각하고 동시에 "상대방
은 변하지 않을 것이다"라고 생각합니다. 그래서 갈등
해결이 요원해 보이는 것이지요.
    그러나 갈등 조정의 목적은 상대를 변화시키는 것

이 아니라 "내가 원하는 것을 확보함"입니다. 또한 "상
대방이 원하는 것을 주는" 것이지요. 이렇게 생각을 전
환하면 갈등 해결은 쉬워집니다.

갈등이란 사람 사이에 관계를 맺는 과정에서 생기
는 것이기 때문에 원칙적으로 풀 수 없는 갈등이란 없
습니다. 갈등 해결은 마주앉아 대화로 풀려고 하기까
지가 어렵지 마주앉기만 하면 대부분 해결이 가능합
니다. 필자의 경험에 따르면 그 가능성은 90%입니다.
또한 힘이나 법률, 논쟁의 방식보다 조정 방식이 해결
가능성도 가장 높고, 만약 해결이 되지 않더라도 상태
가 더 악화되지 않고 후유증이 없습니다.

**Q. 법원에서 하는 '조정'과 이 책에서 말하는 평화적 갈등
해결에서의 조정은 같은 것인가요, 다른 것인가요?**

분쟁 당사자 사이에 조정가가 개입한다는 면에서는 같
습니다. 법원 말고도 노사분쟁 사학분쟁 등에서 조정
이 시행되고 있습니다. 사립학교에서 분쟁이 일어나면
사학분쟁조정위원회가, 노사 간에 분쟁이 있을 땐 노
동위원회가 조정에 나서지요.

그러나 이 책에서 말하는 평화적 갈등 해결의 조

정은 자율적이고 평화적이라는 점에서 다른 조정과 다릅니다. 다른 조정은 '양보와 타협'을 전제로 합니다. "내가 이만큼 양보할 테니 너도 이만큼 양보해"라는 것이 다른 조정에서 볼 수 있는 당사자들의 태도이지요. 상대와 나 사이에 '제로섬 게임'이 전제되고 있다는 뜻이기도 합니다. 갈등 당사자들은 "나의 이익은 상대의 손실"이며 그 역도 성립한다는 사고방식을 갖습니다. 이럴 때 양보와 타협은 쉽지 않지요.

그래서 일반적인 조정에서는 보이지 않게 강제력이 동원됩니다. 노동위원회의 경우, 조정가가 갈등 당사자인 노측과 사측의 약점을 잡고 조정가의 조정안에 동의하도록 압력을 가하는 경우가 있습니다. 법원의 조정도, 당사자들이 조정에 실패하면 사건은 다시 재판으로 회부됩니다.

반면 평화적 갈등 해결의 조정에서는 완벽한 자율성이 전제됩니다. 만약 당사자 중 한쪽이 불만을 갖는다면 조정은 깨질 겁니다. 그런다고 해서 강제로 조정에 임하게 할 방법은 없습니다. 그렇기 때문에 평화적 갈등 해결에서 조정은 '모두의 만족'을 전제로 합니다. 이렇게 말하면 "그게 어떻게 가능하겠나"라는 생각이 들겠지만, 조정이 일단 성립하면 성공률은 극히 높습니다. 이 조정은 제로섬게임이 아니라 플러스섬게임을 전제로 하기 때문입니다. 조정의 성공은 당사자 모두의 이익을 의미합니다. 특정 주체의 양보나 희생도 요구되지 않습니다. 그러니 성공하지 않을 이유가 별로 없지요. 이렇게 성공률이 높은 것은, 이 조정이 '대립적 세계관'이 아니라 '상호의존적 세계관'에 토대를 두고 있기 때문이기도 합니다. 조정에 나서서 합의를 한다는 것은, 상대를 나의 '적'이 아니라 내 문제를 해결할 '문제 해결자'로 보는 '세계관의 전환'을 의미하지요.

Q. 나는 갈등 조정을 할 의향이 있는데, 상대방이 하지 않으려고 하면 어떻게 해야 하나요?

사실 이것이 가장 어렵습니다. 대화의 마당으로 사람을 끌어 오는 것 말이죠. 사람들이 조정에 소극적이 되는 이유는 적지 않습니다. 몇 가지로 정리해보면 ㉠ 약한 모습을 상대에게 보이기 싫어서 ㉡ 내가 일방적으로 손해 보고 양보하는 것 같아서 ㉢ 다른 방법으로 내 주장을 관철시킬 수 있을 것 같아서 ㉣ 상대방이 조정을 일방적 행동의 명분을 위한 절차로 이용할 것이라고 의심해서 ㉤ 조정을 하더라도 상대방이 결코 변하지 않을 것이라 생각해서 ㉥ 조정가의 중립성이 의심

돼서 등 많은 이유가 있지요.

하지만 대립과 갈등에 처한 사람들은 대부분 에너지를 소모하고 지쳐 있습니다. 그러니 그것 자체가 조정 대화를 모색할 이유가 됩니다. 사실 조정을 제대로 이해한다면 거부할 이유가 전혀 없어요. 조정은 소위 '물밑대화'라 할 수 있습니다. 기존에 자신이 취하던 주장과 방식을 유지한 채 조정 대화에 임할 수 있지요. 실제로, 전쟁 중에도 물밑으로는 대화와 협상을 합니다.

그러므로 조정을 이해시키기만 하면 조정 판으로 끌어올 수 있습니다. 하지만 조정을 이해시키는 가장 빠른 방법도 실제 조정을 경험하는 것이지요. 마치 '고양이 목에 방울 달기' 같은 이런 문제를 해결하기 위해서는 상대방과 가까운 지인, 혹은 상대방이 신뢰하는 사람을 동원하는 것이 효과적이다. 그래서 "조정은 자신의 이익을 추구함에 있어서 가장 효율적인 수단이며, 성공시 인간관계와 일상을 회복할 수 있으며 실패해도 잃을 것이 없다"라는 인식을 심어주는 것이 중요하지요.

Q. 조정가에게는 어떤 능력이 요구되나요?

첫 번째이자 가장 중요한 능력은 조정을 성립시키는 능력입니다. 조정가에게도 가장 어려운 일이지요. 갈등 해결을 '승패'의 관점에서 보고 상대방을 굴복시키려 하며 대립하는 모습은 안타까워요. 그런 상황에서 조정을 성립시키기 위해서 갈등 당사자에게 영향력이 있는 사람들을 동원하는 등의 능력이 조정가에게 필요합니다. 그러나 그 능력에도 한계가 있습니다. 조정에 대한 일반의 이해가 박약해서 모든 것을 힘으로, 법으로 해결하려 하거나 혹은 갈등을 회피하는 문화가 큰 걸림돌이 되기 때문입니다. 이 책을 쓰게 된 이유도 바로 거기에 있습니다.

조정가에게 필요한 두 번째 능력은 '중립성 견지' 능력입니다. 사람들, 특히 한국인들은 '정의감'에 불타서 한쪽은 정의이고 다른 한쪽은 불의라고 생각하는 경향이 있습니다. 조정가도 이런 편견에 사로잡히기 쉬운데, 어떤 경우에도 조정을 위해서는 독약이 됩니다. 조정가는 강자와 약자, 가해자와 피해자, 정의와 불의 등의 가치판단에 물들지 않고 당사자 모두의 요구를 수렴하여 모두가 만족하는 해결안에 합의하도록 도울 수 있어야 합니다.

셋째, 느긋함입니다. 갈등을 해결하고자 하는 열망에 있어서 조정가가 갈등 당사자보다 앞서 가선 안 됩니다. 조정가는 초조해하거나 안달하면 안 됩니다. 갈등은 당사자들이 푸는 것이고 조정가는 그 과정을 '촉진'하는 것에 머물러야 합니다. 조정가는 "합의를 위해서 해결안을 제시해 달라", "갈등 당사자를 설득해 달라"라고 하는 요구 혹은 유혹을 받기도 하는데 이것은 경계해야 할 요소입니다.

넷째, 언어 능력입니다. 조정가는 갈등 당사자들 간의 소통을 촉진하는 자이며 당사자의 말을 잘 듣고 그로부터 해결안 도출로 가는 길을 인도하는 자이므로 우선 귀 기울여 듣는 능력, 즉 '경청' 능력이 필수입니다. 경청을 하는 것은 적절한 질문을 함으로써 해결안을 당사자 스스로 찾게 하기 위한 것이므로 이는 '질문' 능력을 포함합니다. 무념무상으로 그저 듣기만 하는 것은 경청이 아니지요.

다섯째, 자비심에 기반한 창의성입니다. 조정가는 갈등 당사자들이 쓰는 의심의 언어를 선의의 언어로, 부정의 언어를 긍정의 언어로 바꾸어서, 소통을 촉진해야 합니다. 그러기 위해서는 '매뉴얼'만으로는 부족하며 상황에 대한 종합적 판단을 기반으로 갈등 당사자들이 새로운 언어 및 대안을 창조해내도록 조언해야 합니다. 그 원동력은 '자비심'이지요. 조정가는 "어떻게 하면 갈등 상황에 놓인 사람들의 이 고통을 줄일 수 있을까"를 고민하는 사람이기도 합니다.

Q. 조정에 성공하거나 실패하는 결정적 요인은 무엇인가요?

조정가가 갈등 당사자의 신뢰를 이끌어낼 수 있는지가 조정 성공의 결정적 요인이 됩니다.

조정 과정은, 갈등 당사자들이 서로를 '적'으로 여기는 상황에서 '문제 해결자'로 인식하는 상황으로 전환하면서, 모두의 이익을 담은 합의안을 만드는 과정입니다. 이때 인식 전환이 이루어지면 합의안을 만드는 과정은 매우 의미 있고 재미도 있는 상황이 됩니다. 적으로 생각하는 상대와는 만남이 두렵지만 '신뢰'가 형성되어 함께 대화하며 문제를 해결하는 상대와의 만남은 기다려집니다. 상대에 대한 이런 인식 전환이 이루어지지 않으면, 갈등 당사자들은 기존의 '입장'에 고착되고 합의안 작성은 실패하며 조정은 성공하지 못합니다.

갈등 당사자들을 신뢰의 관계로 전환시키려면, 먼

저 조정 혹은 조정가에 대한 신뢰를 갖게 해야 합니다. 그들로 하여금 "조정을 통하는 것이 가장 나의 이익에 부합할 것"이라는 인식을 갖게 하는 일이 중요합니다. 또 "조정은 공정하다"라는 믿음도 주어야 합니다. 조정가가 어느 한쪽 편을 든다거나, 혹은 조정을 하는 판 자체가 기울어져 있다고 생각되면 누구도 그 판에 오르려 하지 않을 겁니다.

그러니 조정가가 편견을 갖지 않고, 갈등 당사자 모두를 신뢰하며 그들에게 최선을 다하도록 용기를 불어넣는 일이 중요합니다. 이를 위해서 조정가는 상황을 확실히 장악하고 언어로 정리해야 하며, 또한 도를 닦는 심정으로 조정에 임해야 합니다. 이렇게 해서 조정을 성공시켰을 때, 조정가는 교향악단의 지휘자가 아름다운 곡을 성공적으로 지휘한 듯한 느낌을 받습니다.

Q. 갈등 조정 기술을 익히면 가정에도 평화가 오나요?

네. 가정이든 혹은 다른 어떤 집단에서도, 갈등은 소통의 부재로부터 비롯됩니다. 소통을 가로막는 가장 중요한 요인은 '생각'이며 '집착'입니다. 그 중에서도 '옳고 그름', '정의' 등의 도덕적 요소에 대한 집착이 큰 장애 요소가 됩니다. "나는 옳은데 상대방이 잘못하고 있으므로, 상대방이 행동을 바로잡아야 갈등이 해결된다"라는 생각이 상대방을 악마화합니다. 그러면 갈등이 더 깊어지지요.

갈등 상황과 원인을 인지하고, 갈등 당사자로서의 자기와 상대편의 속마음을 알게 되면 갈등 해결의 길이 열립니다. 상대편의 속마음은, 미워하는 마음을 떨쳐내고 고요한 감정 상태에서 상대에게 물어보면 알 수 있습니다.

갈등 조정 공부의 핵심인 이런 기술을 익히는 것이 조정가 개인의 갈등을 줄여주며 가정에도 평화를 가져옵니다. '갈등 해결 5원칙' 등 갈등 조정 기술을 익히게 되면 이를 응용하여, 예컨대 '화내지 않고 자녀 공부시키는 방법'에 대해서도 강의할 수 있게 됩니다. 실제로 조정가는 강남에서 이런 강의를 한 적이 있는데, 폭발적인 인기를 끌었지요.

Q '직업으로서의 조정가'의 전망은 어떤가요?

민주화가 진행되면서 갈등 조정, 갈등관리에 대한 사

회적 관심이 높아지고 있습니다. '학문'의 측면에서 보면, 서구에서 개발된 '갈등 해결학', '평화학'이 수년 전부터 한국에도 전파되고 있습니다. 갈등 해결학은 처음에는 '경영학'의 일부로 취급됐으나 최근에는 '인문학'으로 인식되고 있습니다. 학문의 측면에서는, 대학 행정학과 등에서 공공갈등 관리 차원에서 갈등학을 다루고 있으며 단국대학교 협상학과에 석사과정이 개설돼 있습니다.

IV

답 없는 갈등,
조정으로
이렇게 해결했다

현대 한국 사회에는 많은 갈등이 있다. 그러나 그 갈등을 평화적, 협조적으로 해결한 경험은 많지 않다. 여기에 소개하는 사례들은 21세기 들어서 '조정'을 통해 해결한 갈등들이다. 폭력과 대결, 투쟁의 방법을 극한까지 써봤지만 해결되지 않은 갈등, 혹은 그렇게 극한의 투쟁으로 갈 위험성이 있는 갈등들이 조정에 의해서 해결됐다. 지리산댐, 플랜트 노조, 대구 도매시장, 노량진 수산시장에서 벌어진 갈등을 조정, 해결하는 과정은 탐욕과 편견, 아집 등으로 꽉 막힌 장벽을 뚫고, 캄캄한 어리석음의 암흑을 헤치고 모두가 만족하는 합의안을 향해 나아가는 과정이었다. 이 중에는 '서로를 인정하는' 전략적 목표를 세워 이를 실현시킨 사례, '적'으로 여겨졌던 상대의 소통 능력을 증진시키기 위해서 지원을 아끼지 않은 사례도 있다. 합의안에 대한 조직구성원의 비준을 끝내 받지 못한 경우도 있었다. 그러나 이 경우도 '비준 무산' 이후에 이어진 갈등 해결에 조정 과정에서 합의한 원칙들이 적용됐다. 어떤 경우든, 갈등 조정은 갈등 당사자들에게 일정한 '깨달음'을 주었고 이 사회의 '성찰 지수'를 높였다.

지리산댐,
갈등 상대의 소통 능력을 증진시켜라

지리산댐 건설 문제를 둘러싸고 국토부-수자원공사와 환경 단체, 경상남도와 남원시 그리고 주변 주민들이 복잡하게 얽혀 1990년대 말부터 25년 이상 갈등을 지속했다. 그러다가 2015년부터 2017년 까지 조계종 화쟁위원회가 개입한 사회적대화 및 갈등 조정을 거 치면서 국토부와 환경단체는 서로를 이해하게 됐다. 문재인 정부의 댐 건설 계획 폐기로 문제가 해결됐으나 정부 기관과 환경단체 간 귀중한 소통의 경험을 여기에 기록한다.

함양 방면

남강(임천)

휴천면
문정리

산청 방면

남원 방면

문정댐
건설 예정지

실상사

용유담

가흥리

N

마천면

백무동 방면

지리산 국립공원

* * *

1996년, 정부는 '낙동강수자원개발계획'을 수립했다. 지리산에서 발원해 전라북도 남원시 산내면 실상사 옆으로 흘러내리는 임천을 막아 댐을 쌓는 계획이 여기에 포함됐다. '지리산댐' 혹은 '문정댐'으로 명명된 이 댐은 홍수조절 역할을 함으로써 하류에 위치한 남강댐 범람을 막고 진주시 등 경상도 지역의 식수원으로도 이용될 것으로 인식됐다. 이 계획에는 홍준표, 김태호 등 경상도 지역 정치인들과 댐 예정지가 위치한 경남 함양군 등이 찬성했다. 그러나 댐 상류 지역인 남원시 주민은 '상수원 보호구역'으로 묶여 생활에 불편함을 겪을 것을 우려했고, 실상사 주변 문화재 수몰 등 환경에 미치는 악영향을 걱정한 환경단체 등과 연합해 1999년 8월 '지리산댐백지화대책위원회'를 출범시키면서 반발했다. 이에 따라 댐 건설은 20여 년간 지역갈등의 원인이 되면서 표류했다.

이 댐 건설 계획은 노무현 정부 때 폐기된 듯했으나, 이명박 정부 때 다시 추진됐고, 댐백지화위원회도 다시 가동됐다. 그러다가 2015년 7월 조계종 화쟁위원회가 개입하면서 정부 기구 즉 국토부-수자원공사와 댐 반대 단체들 사이에 대화와 소통이 이루어지기 시작했다. 이 대화는 2017년 8월까지 이어졌다.

원래 환경단체들은 정부의 사업이라면 대화 없이 반대투쟁을 벌여왔고, 정부는 시민의 의견을 무시한 채 사업을 강행하는 것이 관행이었다. 지리산댐도 마찬가지였다. 댐 반대대책위는 정부가 마련한 '댐 사전검토협의회(이하 '댐사검위')' 참가 자체를 거부했다. 하지만 화쟁위원회가 개입하자 양상이 바뀌었다. 갈등의 당사자가 부드러운(和) 말(言)로 다투는(爭) 것으로서의 화쟁(和諍), 즉 '정서적 유대관계를 유지한 상태에서 행해지는 우호적 토론'을 하기 시작한 것이다. 국토부-수자원공사 등 정부 기구와 지리산생명연대 등 시민단체는 과거의 '적대적' 관계를 청산하고 서로 간에 신뢰를 구축했으며, 진영논리를 넘어 '낙동강 유역의 물 관리를 어떻게 할 것인가'에 대해 진지한 공동 연구를 하는 단계로 발전했다. 시민단체가 자신들의 논리를 세우는 데 도움을 주기 위해 정부가 시민단체에 연구비를 제공하면서 연구를 발주하기도 했다. 대화를 하기 위해서는 대화 파트너의 논리와 소통 능력을 증진시키는 것이 필수 조건이기 때문이다.

정부를 '대화 파트너'로 인정한 댐 반대 단체들은 정부가 마련한 대화 기구 '댐사검위'에 참가해서 본격적인 정책 검토에 나서기로 공감대를 이뤘다. 그런데 정권이 교체되고 정부의 정책 방향이 '댐 건설'에서 '관리'로 바뀜에 따라 건설 계획은 파기됐다. 갈등 요인 자체가 없어졌기 때문에 대화도 갑자기 중단됐다. 정부와 환경단체가 2년여의 대화를 통해 신뢰와 공감대를 이룬 과정은 그것 자체가 '사회적 대화'의 좋은 경험으로서 무형(無形)의 '사회적 자산'이었지만 '내부 토론'이 아니라 '외부 요인'에 의해 댐 건설이 중단됨으로써 그 의미는 이 사회에 크게 부각되지 못했다.

20년 넘은 지리산댐 갈등, 다시 재발하다

지리산은 전라도와 경상도에 걸쳐 있는 산으로, 지리산댐 갈등은 댐의 상류와 하류 지역 간의 이해가 대립된 것이었다. 하류 지역인 경상도로서는 주민들의 식수원 개발과 홍수 조절을 위해서 댐이 필요했다. 근사한 댐이 지어지고 호수가 생기면 관광 자원으로도 활용할 수 있다. 그러나 상류 지역인 전라도 남원시의 경우에는, '상수원보호지구'로 묶이면 농사짓기도 어렵고 많은 제약을 감수해야 하는 상황이었다.

지리산댐은 '개발'과 '환경'이라는 두 가치가 충돌한 현장이기도 했다. 국토부와 수자원공사는 지리산댐 공사를 추진하고 싶어 했고, 환경단체들은 이를 막아야 할 입장에 있었다. 정치적으로 보면 진보-보수 정권에 따라 추진과 중단이 반복

됐다. 지리산댐은 김영삼 정부 때 입안됐다가 노무현 정부 때 중단됐으며 이명박 정부 때의 '4대강 개발'에 이어 박근혜 정부 때 다시 추진되는 양상을 보였다. 그러나 문재인 정부에 와서 '없던 일'이 됐다.

실상사 인근에 지리산댐을 쌓는다는 내용의 낙동강수자원개발계획이 수립되자 환경단체들은 1999년 8월, 지리산댐 백지화대책위원회를 출범시킨 이후 줄기차게 반대운동을 펼쳤다. 2000년에는 지리산살리기 실상사대책위원회가 발족됐고, '지리산살리기국민행동'이 창립됐다. 2001년12월, 정부 댐건설장기계획 수립에서 지리산댐이 제외됐으나 2002년, 함양군이 국토부에 지리산댐 건설을 요청했다. 댐이 건설되면 지역 경제가 발전할 것을 기대한 마천면 주민들은 주민투표에서 찬성 72%를 기록했다.

그러나 환경단체들의 반대 등으로 지리산댐은 추진되지 못했다. 노무현 정부 때는 계획 자체가 폐기됐다는 말이 나돌았다. 그러다가 2009년 초, 김태호 경남지사와 홍준표 한나라당 원내대표가 부산시 식수원을 위해 함양군에 댐을 건설해야 한다는 발언을 했고, 함양댐 건설추진위원회가 발족함으로써 '지리산댐' 문제는 다시 수면 위로 떠올랐다. 그러자 이해 10월, 전북도의회가 지리산댐 건설 재추진 중단 촉구 결의를 하면서 반발했다.

2013년 국토교통부는 지리산댐의 저수 용량을 축소하고 개방형 홍수조절댐으로 변경키로 했으며, 이에 대한 의견을 수렴하기 위한 댐사전검토협의회(댐사검위)를 구성했다. 댐사검위는 댐 사업의 목적 및 필요성, 댐 이외의 대안 및 그 실행 가능성, 댐 사업에 대한 지역의 수용성 또는 갈등 영향 등을 검토하고 해당 사업의 추진 여부에 관한 종합적 권고안을 작성하여 국토교통부 장관에게 제출하는 임무를 맡았다. 구성원은 댐 관련 전문가 및 갈등 분야 전문가 등 민간 위촉 14명, 국토부 환경부 수자원공사 등 당연직 6명으로 이루어졌다.

그런데 홍준표 경남지사가 2014년 지리산댐을 식수공급 용도를 포함한 다목적댐으로 건설해야 한다고 다시 주장했고, 남원시 의회는 이에 반발, 지리산댐 백지화 촉구를 결의했다. 또 지리산댐백지화함양대책위, 경남환경운동연합, 지리산생명연대 등은 연합해서 지리산댐 백지화 촉구 기자회견을 했다. 이 해 11월, 함양군 의회는 홍수조절댐 반대 성명을 발표함으로써 다목적댐으로 건설해야 한다는 홍준표 지사의 의견에 찬성을 표시했고, 지리산댐백지화 함양대책위는 함양군의회의 이 성명을 비판하는 성명을 발표했다.

지리산댐 문제는 여론을 하나로 모으지 못해 추진하는 것도 아니고 추진하지 않는 것도 아닌 상황에서 갈등만을 이어가고 있었다. 이런 가운데 댐사검위는 실상사 회주 도법 스님에게 "대화를 통해서 문제를 해결할 수 있도록 협조해 달라"라고 요청했다.

화쟁위원회, '사회적 대화'를 주재하다

2015년 도법 스님이 '장(長)'으로 있는 조계종 화쟁위원회*는 지리산댐 문제 해결을 위한 사회적 대화 요구를 수용하기로 했다.

화쟁위원회가 개입하면서 국토부–수자원공사와 환경 단체들 사이에 '대화와 소통'의 장이 마련됐다. 이것은 큰 전환이었다. 이전에는 대화는 없었고 전투만 있었다. 환경단체들은 개발을 저지하는 데 총력을 기울였고 정부는 막무가내로 공사를 진행하려 하는 양상이 반복됐다. 환경단체는 "그동안 대화 자리에 나가면 그걸 근거로 합의가 이루어졌다 주장하며 개발을 강행하는 사례가 많았다. 그래서 아예 정부와의 대화 자체를 거부하지 않을 수 없었다"라고 항변했다.

지리산댐백지화 마천대책위원회, 산청대책위원회준비위원회, 지리산생명연대, 환경운동연합, 진주환경운동연합 등의 단체들이 모인 '지리산댐백지화대책위원회'에서 지리산생명연대가 간사 역할을 맡게 됐다. 화쟁위원회가 주도하는 대화마당에서, '지리산'을 생각하는 모임으로서의 지리산생명연대가 가

---

*   2010년에 출범한 화쟁위원회는 2015년 11월 16일 한상균 민주노총위원장이 조계사로 피신했을 때 그를 보호하면서 12월 5일에 열린 민주노총의 '2차 민중총궐기'를 평화시위로 전환시킨 바 있다. 이에 대해서는 김왕근, 『길과 꽃』(불광출판사, 2017), 228∼251쪽 참조.

장 '화쟁적'이었기 때문이었다.

지리산생명연대의 김휘근 팀장은 간사 역할을 하면서 자신의 투쟁 철학과 방법을 적극적으로 개진했다. 그는 "(지리산 댐 문제를 갖고) 10년 넘게 싸우면서 얻은 지식과 논리가 우리의 무기다"라면서 "저들이 힘으로 밀고 나오면, 그 때 머리띠 매고 나서도 된다"며 강경투쟁파들을 설득했다. 다행히 다른 단체들도 크게 반발하지 않고 이에 따랐다.

그리하여 댐반대대책위와 댐사전검토협의회가 참여하고 화쟁위원회가 진행하는 '사회적 대화'가 시작됐다. 사회적 대화에 참여할지에 대해서는 주민-환경단체 내부에서 격론이 오갔다. 남원 댐백지화위원회에서는 "사회적 대화는 댐 건설 강행을 위한 명분 쌓기용 대화일 뿐"이라며 참여를 거부했다. 지리산생명연대와 함양댐백지화위원회, 진주환경운동연합 등은 대화에 참여하기로 했다. 경상남도의 함양댐백지화위원회와 진주환경운동연합도 댐 건설 반대 입장은 확고했지만, 경상도 주민들이 댐 건설을 찬성하는 마당에 무작정 반대만 할 수는 없었다.

특히 환경운동 등에서 신망을 얻고 있는 도법 스님이 그 판을 주도하고 있었기 때문에 더욱 그랬다. 도법 스님은 1999년 무렵 '지리산을사랑하는열린연대'를 결성해 상임대표를 맡았고, 지리산댐이 들어서 실상사까지 물에 잠길 것이라는 첩보를 입수해 '지리산댐실상사비상대책위원회'를 구성했었다. 도법 스님은 '안거'해야겠다는 수경 스님을 반강제로 불러 세워 위원장으로 앉히고 1994년 조계종 종단개혁 때 함께 했던 현응 스님도 불러 활동하면서 전국의 200여 단체를 아우르는 '지리산댐저지연대'를 만들었다. 그는 2004년부터 5년 동안 '생명평화탁발순례'라는 이름의 전국 순례도 함으로써, 환경운동에서 명성을 쌓았다.**

깊은 불신의 벽··· 1차 대화 시도 실패

화쟁위원회가 주관하는 '1단계 사회적 대화'는 2015년 7월 16일과 8월 28일 두 차례 열렸다. 이후 3차 회의를 열기로 했으나, 이는 무산됐다. 애초에 댐백지위와 댐사검위(혹은 정부) 사이에 신뢰가 박약했기 때문이었다. 댐백지위측은 회의를 진행함에 있어서 '힘의 균형'이 이루어지지 않았고 그 때문에 '사회적 대화'가 상황을 객관적 시각으로 볼 수 없다고 생각했다. 도법 스님에게 끌려가 회의에는 참여했지만, 가능하면 시간을 끌어 댐 건설을 무산시키겠다는 생각이 더 컸다.

　서울 안국동 전법회관에서 진행된 1차 회의에서는 댐사검

** 도법 스님의 지리산운동에 대한 내용은 김왕근 『길과 꽃』, 136~141쪽 참조.

위에서 홍준형 위원장 외 9명, 지리산댐백지위에서는 김석봉 댐백지위 마천대책위원 외 6명이 참석하였고 도법 스님과 박병기 화쟁위원이 참관했다. 댐백지위는 지리산댐의 필요성에 의문을 제기했으며 댐사검위 위원의 불공정한 구성 등 문제점을 지적했다. 17명 중 6명이 국토부와 수자원공사 소속이기 때문에 공정하게 운영되기 어렵다는 것이었다. 댐사검위도 이에 대해 공감을 표시했다.

8월 28일 실상사 설법전에서 진행된 2차 회의에서 댐사검위측은 "우리는 댐 건설에 대해서 찬성이나 반대의 입장을 가진 사람이 아니다"라고 강조했다. 댐백지위측이 "댐사검위는 국토부의 뜻에 따라 움직이는 위원회"라는 편견을 갖고 있음을 의식해서 한 말이었다. 실제로 지리산댐 이전에 경북 영양에 건설될 '영양댐'에 관해서도 댐사검위가 설치됐고, 지리산댐과 관련한 '2단계 사회적 대화' 기간 동안 영양댐 댐사검위는 영양댐 건설에 반대 의견을 확정했다. 이는 댐사검위가 국토부의 꼭두각시가 아니며 자체의 기준을 갖고 판단한다는 증거가 되어 댐백지위로 하여금 댐사검위에 대한 불신을 많이 누그러뜨렸다. 그러나 '1단계 사회적 대화' 때는 아직 댐사검위에 대한 불신이 깊었다.

정부 공무원이 많이 포함된 '위원 구성'에서부터 불공평하다고 댐백지위측은 생각했다. 또 댐사검위에 들어가서 어떤 결정을 한다고 해도 그것이 정말 효력을 발생할지에 대해서도 의

구심을 가졌다. 그래서 양측은 댐사검위의 권한이 무엇이고, 댐사검위가 한 결정은 어떤 구속력을 가지며, 댐사검위가 공정한 의사결정구조를 갖기 위해서는 어떤 변화가 있어야 할지 등에 대해 3차 회의를 진행하기로 했다. 그런데 댐백지위는 2015년 9월, 문서를 통해 돌연 '대화 중단'을 통보했다.

댐백지위는 이 문서에서 "1차 대화를 통해 그 동안 단 한 번도 직접 전달할 기회조차 없었던 우리의 지난 10여 년간 쌓인 이야기를 전할 수 있었고, 2차 대화에서는 입장 차이를 좁히기 위한 노력도 할 수 있었다"라며 화쟁위의 노력에 대해 감사를 표시했다. 그러나 '댐 희망지 공모제'를 예로 들면서 대화 자체에 대해 강한 의구심을 표시했다. '희망지 공모제'란, 지방 자치단체가 댐 건설을 요청하면 중앙정부가 이를 심의 후 통과시키는 제도로, 국토부장관은 국감장에서 이미경 의원의 질문에 '희망지 공모제'라는 새로운 댐 건설 논의 프로세스를 준비 중이라고 설명했다. 경상도 지역 언론들은 이를 근거로 "지리산댐을 희망지 공모제로 진행하게 됐다"라는 식으로 보도했다. 지역 주민들의 관심이 집중된 지리산댐이었으므로, 지역 언론들이 국토부장관의 답변을 이런 식으로 해석할 수 있는 여지가 전혀 없는 것은 아니었다. 댐백지위는 "댐 건설을 일사천리로 진행하려는 의도가 숨겨진 이 제도가 채택되면 화쟁위에서 지금 하고 있는 논의가 아무런 의미를 갖지 못하게 되는데, 국토부는 이런 사실을 알고 있으면서도 숨기고 대화에 임했기 때문에 신뢰할 수 없다"라고 주장했다.

　말하자면 댐백지위는 국토부가 실제로는 댐 희망지 공모제를 추진하면서 겉으로는 댐사검위를 통해 환경단체들과 소통하는 척한다는 식의 '음모론'적 시각에서 이 사태를 바라본 것이다. "국토부가 우리 대책위를 기만하고 있다", "국토부 산하인데다가, 국토부장관에게 강제성을 행사할 수도 없는 협의체가 어떤 의미가 있는가", "국토부측에서 화쟁위원회까지도 이용하고 있는 것 아니냐. '지리산댐 갈등 조정을 위한 사회적 대화'를 '반대측 인사 포용을 위한 간담회' 정도로 생각하고 있는 것 아니냐" 등의 표현을 댐백지위측은 썼다.

　소통 과정에서 댐백지위의 이탈은 어느 정도 예견된 일이기도 했다. 댐백지위는 회의 진행상의 작은 일에도 예민하게 반응하며 '불신'을 드러내곤 했었다. "댐사검위 위원들이 지역에 사는 사람들(댐백지위)의 안내를 받지 않고 국토부와 함께 차량으로 이동하며 안내를 받은 것은 그들의 친국토부의 성향을 드러낸 것"이라고 성토한 것이 그 예다.

"마음속 불만을 쏟아냈으니 본격 논의 토대가 마련됐다"

지리산댐 건설을 둘러싼 이해당사자들의 '속마음'은 무엇이고 '이해관심사'는 무엇이었을까? 남원 시민들의 속마음은 '상수원보호구역'으로 묶이는 게 싫다는 것이었다. 사천 시민들의 속마음은 지리산댐이 어패류 양식에 피해를 줄까 두렵다는 것이었다. 함양 군민들의 속마음은 관광자원이 개발되면 좋겠다는 것이었다. 진주 시민들의 속마음은 홍수를 막을 수 있어 좋다는 것이었다. 부산 등 경상 지역 사람들의 속마음은 깨끗한 상수원을 확보하고 싶다는 것이었다.

환경단체들의 속마음은 "환경을 해치지 말았으면 좋겠다"는 것이다. 국토부, 수자원공사의 주장은 "지리산댐은 홍수 조절용이다"라는 것이다. 그러나 댐백지위는 국토부와 수자원공사를 '토건족'의 일원쯤으로 생각하고 있었다. 토건족이란 건설 산업 활황기이던 1970~80년대 중동과 국내에서 독재자의 비호 아래 성장한 토목, 건축 등 건설회사와 재벌 관련자들 그리고 그들을 비호하는 정치인들을 싸잡아 부르는 명칭이다. 이런 사항들은 갈등 분석을 하고 추가로 조정회의를 이어가는 과정에서 인지된 것이며, '1단계 사회적 대화'를 할 때는 명백히 드러나지 않았다. 갈등 분석에서는 갈등의 당사자들이 갖고 있는 '협상안'은 무엇인지, 협상이 깨졌을 때 내밀 수 있는 카드로서의 '대안'은 무엇인지 등까지도 다 분석한다. 무엇보다, 갈등 당사자들이 서로에 대해 어떤 반감을 갖고 있는지를 분석한다. 정서적으로 거리가 멀면 논리적인 대화는 애초에 시작도 할 수 없기 때문이다.

지리산댐의 경우 갈등 분석을 생략하고 급박하게 사회적

대화를 진행했었다. 댐백지위가 대화에 응하기를 꺼리는 분위기였으므로 우선 대화를 성립시키는 것이 급선무였기 때문이었다. 사실 대부분의 경우 갈등 당사자들이 조정의 테이블 앞으로 모이기만 하면 조정의 성공 가능성은 매우 높아진다. 조정에서 가장 어려운 것이, 갈등 당사자들이 조정을 통해서 갈등을 풀겠다고 결심하게 하는 것이다.

사회적 대화가 중단됐을 때, 조정가는 이 '갈등 분석' 작업을 했다. 이해당사자 중 댐백지위측 3명, 국토부 1명 수자원공사 1명 댐사검위측 2명을 인터뷰해, 1단계 사회적 대화에 대한 평가 작업도 했다.

댐백지위 위원들은 "수자원공사가 '자사이기주의'의 입장에서 댐 건설을 추진하고 있다"라고 생각하고 있었다. 댐을 건설하는 이유가 수자원공사 직원들의 일거리를 만들기 위한 것이라고 여긴 것이다. 그들은 또 "국토부는 이명박 정부가 실패한 4대강 사업을 만회하기 위해서 지리산댐 건설을 추진하는 것"이라 생각했다.

당사자들은 대화 중단의 원인으로 모두 '불신'을 꼽았다. 댐백지위측은, 10여 년 동안 댐 관련 정부 대책에 일관성이 없었던 것을 그 요인으로 꼽았다. 그들은 "대화했다는 사실만을 근거로 정부가 공사를 강행한다면 어떡하나"라는 고민을 했고 "애초에 힘의 균형이 맞지 않는 상황이므로 공정한 회의 진행이 어렵다"라고 생각했다. 그들은 불신 해소의 조건으로 "'지리산댐 건설에 관련된 국토부 내부 문건'을 우리도 볼 수 있어야 한다", "수자원공사 등 댐 건설론자 전문가에 의한 연구 데이터를 우리가 검증할 수 있어야 한다" 등을 꼽았다. "정보의 불균형이 해소돼야 진정한 소통이 가능하다"라는 이런 의견들은 추후 조정회의에 반영됐다.

댐백지위는 대화의 구조에 대해서도 문제를 제기했다. 자신들이 대화할 파트너는 국토부와 수자원공사인데, 댐과 관련하여 직접 책임이 없는 중립적 단체로서의 댐사검위 위원들과 대화하는 것은 불합리하다는 것이었다. 댐사검위 측도 이에 동의했다.

국토부와 수자원공사측은 서로 간 불신에 대한 근거로 '댐 희망지 공모제 파동'을 들었다. 원래 희망지 공모제는 댐 정책 일반에 대한 정책 검토였을 뿐 확정된 것도 아니었다. 그런데 지역 언론이 이를 "지리산댐도 '희망지 공모제'로 결정한다"라는 식으로 보도해 난리가 났다. "국토부는 '언론의 오보'라는 측면이 있는 이런 문제를 긴급 대화를 통해서 해결할 수 있어야 했는데 그러지 못한 것은 서로에 대한 불신이 컸기 때문"이라는 의견을 냈다.

조정가 자신은 긍정적 측면을 보았다. 1단계 사회적 대화 과정을 거치면서 대화 당사자들이 마음속 불만을 표출한 것만으로도 의미가 있다고 평가한 것이다. 원래 갈등은 서로 간에 갖게 된 악감정을 푸는 과정이 있어야 하는데, 이런 과정이 생략된 채 사회적 대화가 진행됐기 때문에 회의가 진전되지 못한 것은 불가피한 측면이 있었으며, 이제 고였던 감정을 쏟아내고 푸는 과정을 겪었으니 조금이라도 진전이 있다는 평가였다.

조정가는 댐백지위의 소극적 입장도 문제가 된 것으로 파악했다. 댐백지위는 대화를 통해 문제를 해결할 생각이 애초에 없었기 때문에 '지연전술'을 썼으며 상대측인 '댐사검위'의 문제점을 찾는 데만 집중한 것으로 판단했다.

화쟁위원회는 "회의 자체가 성립한 것, 이해당사자들이 만난 것만으로도 의미가 있었다"라고 평가했다. 또한 이해당사자 간 개별 접촉을 통해 사회적 대화가 진행되도록 노력할 필요가 있다는 쪽으로 의견을 모았다.

진짜 조정회의를 시작하다

2016년 들어서면서 화쟁위 사회적 대화 진행팀에서는 이해당사자를 대상으로 개별접촉을 하면서 사회적 대화의 속개 방안을 모색했다. 그리하여 새 대화 과정은 공공갈등 조정회의 프로세스를 준용하기로 하고 새로 진행될 회의 명칭도 '지리산댐 갈등 해결을 위한 조정회의'로 지었다. '사회적 대화'라는 일반적 대화가 아니라 목적과 방식을 분명히 하는 '조정회의'로 바꾼 것이다.

    1단계 사회적 대화에서는, 지리산댐을 찬성하는 측과 반대하는 측이 모여 광범위하게 논의를 이어갔다. 지리산댐을 건설해야 하느냐 마느냐의 문제에서부터, 댐사검위와 국토부, 수자원공사의 위상 등이 산발적으로 문제가 됐다. 토론의 주제와 주체 혹은 토론의 방법들이 명확하게 규정되지 못하고 모호한 채로 논의가 진행됐다. 이 기간은 대체적으로 오랜 기간 쌓인 불신과 오해를 푸는 과정이었다고 할 수 있다.

    그러나 2단계 사회적 대화에서는 여러 요소들을 명확하게 하고 대화가 진행됐다. 토론의 주제는 댐반대위가 댐사검위에 참여하느냐 마느냐의 문제로 좁혀졌다. 물론 이 문제를 풀기 위해서는 지리산댐을 건설해야하느냐 마느냐의 문제를 실질적으로 논의해야 했지만, 그것은 부차적인 문제였다. 말하자면 1차 대화가 국가적 문제에 대한 토론이었다면 2차 대화는 댐백지위의 행동을 결정하는 실존적인 문제였다.

    토론의 주체는 댐반대위와 국토부로 정해졌다. 1단계 대화에서는 댐사검위가 토론의 주체였으나 댐사검위는 댐 건설과 관련한 자신의 명확한 찬반 입장이 없다는 것이 그들의 입장이었기 때문에 댐건설을 찬성하는 국토부로 주체가 바뀌었다. 원래 도법 스님에게 중재를 요청한 주체로서의 댐사검위는 '참관'하는 형식을 취했다. 댐사검위는 국토부와 환경단체의 견해를 종합적으로 파악한 후 최종 결정을 해야 하는 위치에 있었기 때문이었다. 이리하여, 형식상으로는 댐사검위에 참여할지 말지를 논의하는 자리였지만 내용상으로는 댐을 왜 짓자고 하는지 혹은 왜 댐을 지으면 안 되는지에 대해서 국토부와 환경단체가 '속마음'을 교환할 수 있는 환경이 만들어졌다.

만약 댐백지위가 국토부–수자원공사가 환경단체의 의견을 존중한다는 진정성을 인정하면 그 때는 댐사검위에 참여해서 정부측과 '댐 건설' 여부에 대해 본격적으로 논의할 수 있을 것이었다. '2단계 사회적 대화'는 '속마음'을 이야기하는 것, '진정성'을 인정하고 인정받는다는 아주 기본적인 목표를 잡았기 때문에 이전보다 목표 달성이 쉬워졌다고 할 수 있었다. 그러나 그것도 반드시 쉬운 일이 아님은 물론이었다. 당사자들은 "첫째, 당사자들 간에 정서적 신뢰 회복을 한다. 둘째, 댐과 관련한 상대방의 주장을 이해한다. 셋째, 댐반대위가 댐사검위에 가입할지 말지를 결정한다"라는 3단계의 과정을 밟는 것으로 조정회의를 이해하고 본격적으로 대화를 시작했다.

마음을 열고 토론에 돌입하다

댐백지위는 조정회의 초기에도 마음의 문을 열지 않았다. 댐백지위는 1차 조정회의(2016년 7월 2일, 대전철도시설공단 회의실)에 참석했지만, 이때까지도 기본 전략은 '댐 건설 지연', '회의 지연'이었다. 그래서 그들은 "회의를 2~3개월에 한 번씩

하자"라고 제안했다. 명분은 회의 구성원이 생계에 바쁘며 특히 농번기에는 시간을 낼 수 없다는 것이었다.

"농번기가 있으면 농한기도 있지 않습니까?" 국토부 우정훈 과장은 댐백지위의 제안을 부드러운 말로 받았다. "그러니 농번기 때는 2개월에 한 번, 농한기 때는 한 달에 한 번이라고 쳐서 평균 1.5개월에 한 번씩 회의를 하시면 어떻겠습니까? 대신 대전까지 멀리 회의하러 오시기 어려울 테니 장소는 실상사 쪽으로 하시지요. 저희들이 매번 찾아가겠습니다"라고 했다. 우정훈 과장의 유연한 태도는 회의 진행에 큰 윤활유 역할을 했다. 국토부는 "대화의 장에 나와주신 것 자체에 대해 감사드린다", "댐 문제로 오랜 기간 고통을 당했다는 부분에 공감하고 앞으로 노력하겠다"라는 말도 했다. 이에 따라 댐백지위 측에도 정부측에 대한 신뢰가 조금씩 쌓여갔고, 정부측이 자신들의 주장과 명분을 살려주며 일을 진행하니 약간의 안도감도 들었다.

양측은 2차 조정회의부터는 서로의 주장을 보다 명확히 이해하기 위해서 각자의 주장을 발표하는 시간을 갖기로 했다. 논란이 됐던 '댐 공모제'에 대해서는, "댐백지위가 화쟁위에 자료 요청을 하면 국토부는 이에 성실히 응하기로" 합의했다.

2차 조정회의(2016년 9월 21일, 실상사)에서 양측은 댐건설의 성격 및 당위 여부 토론에 돌입했다. 국토부는 "지리산댐이 다목적댐으로 추진되고 있는 것이 아닌가"라는 댐백지위측의 의구심과 관련, 사실관계를 확인하는 서류를 준비해 설명했다. 국토부는 "원래 지리산댐이 다목적 댐으로 계획됐으며, 2012년에도 다목적댐으로 '댐건설장기계획'에 반영돼 있었으나 환경부, 문화재청 등 관계기관들의 협의 끝에 홍수조절 전용 댐으로 건설하는 것이 바람직하다고 판단하였으며 3회에 걸쳐 이런 내용의 보도자료를 배포하였다"라고 해명했다. 또한 "댐사검위에도 '홍수조절전용댐'으로 안건이 상정됐으며, 찬성·반대측 관계자들을 포함한 다양한 이해관계자의 의견을 충분히 청취하고 여러 대안을 검토하여 가장 타당하다고 생각되는 댐 계획을 정부에 권고하게 된다"라고 덧붙였다.

댐백지위측은 신뢰 회복 방안으로, 용유담(龍遊潭) 명승지 지정 문제를 논의했다. 이는 "지리산댐은 다목적댐이 아니다"라는 국토부 주장의 진정성을 확인하고 싶었기 때문이다. 정령치, 뱀사골, 달궁 등 지리산 계곡 물줄기들이 모이는 용유담은 아홉 마리 용이 놀던 못이라는 전설이 있을 만큼 너른 계곡이다. 2011년 12월 국가지정문화재인 '명승'으로 지정 예고됐던 이곳은 지리산댐 계획 추진에 따라 수자원공사가 지정 보류 요청을 한 바 있다. 댐백지위측은, "만약 수자원공사 주장처럼 지리산댐이 다목적댐이 아니고 홍수조절용이라면 용유담을 명승지로 지정하지 않을 이유가 없을 것"이라고 주장했다. 다목적댐이란 큰 댐을 쌓아 항시 물이 차 있는 형태의 댐이어서, 다목적댐 건설은 용유담을 포함한 실상사 주변 일대가 물에 잠기는 그야말로 환경 참사이기 때문에 이것을 막는 것이 환경단체로서는 1차적인 목표였다. 경기도 포천시 창수면 신흥리에 지어진 한탄강댐(1999년 건설 추진, 2016년 11월 완공)의 경우, 중류에 위치한 고석정이 명승지로 지정되면서 "한탄강댐이 다목적댐으로 건설되는 것이 아니냐"라는 의심을 지울 수 있었다. 수자원공사는 내부 논의를 거쳐 답을 주기로 했다.

1차 조정회의 때 "찬반 양측이 각자의 주장을 발표하는 시간을 갖기로 한 데 따라, 이날은 국토부 측에서 '남강 유역 현황 및 치수 대책의 필요성'이란 제목으로 발표했다. 주요 내용은 "댐 건설 목적이 지리산 집중호우로 인한 남강 범람과 이로 인한 피해 방지다"라는 것이었다. 국토부와 수자원공사가 토건 사업을 위해 그리고 수자원공사의 밥벌이를 위해 무리하게 댐을 건설한다고 생각해온 댐백지위도, "댐이 '치수 대책의 일환'이다"라고 형식을 갖추어 주장하는 국토부의 의견을 존중하지 않을 수 없었다. 그래서 댐백지위측은 "치수 대책의 필요성은 인정한다"라고 말했다. 그러나 "그 방법이 꼭 댐 건설이어야만 하느냐"라는 의문도 제기했다. 이렇게 해서 댐 건설의 당위에 대해서 양자가 본격적으로 논의를 하기 시작했다. 2차 조정회의에서 국토부가 발제를 했으니 다음 회의 때는 댐백지위측이 치수 대책을 위한 대안을 제시하기로 했다.

이처럼 용유담 명승지 지정 문제나 남강 유역 치수 대책을 논의한다는 전략은 조정회의 전 개별 회의 때 양측이 조정가와 접촉, 교감하면서 함께 준비한 것이었다.

상대방 생각의 진전이 갈등 해결의 열쇠
국토부, 댐백지위에 연구용역 발주

3차 조정회의 (2016년 12월 1일 실상사)에서 댐백지위측은 2016년10월14일 작성된 가톨릭관동대 박창근 교수의 검토의견서를 근거로 남강댐 치수에 관한 자신들의 입장을 설명했다. 박 교수의 의견서에는 국토부가 댐 건설 논거로 댄 수치의 객관성에 문제가 있음이 지적됐다. 박 교수는 또, '비구조물적 홍수 대책'을 추천했다. 거대한 댐을 만들어 자연을 망가뜨리지 말고, 기존 댐과 저수지들의 운영 체계를 개선하고 홍수시 경보시스템과 대피 요령 등을 숙지하여 실천하는 것이 자연친화적인 홍수 대책이라는 것이었다.

4차 조정회의(2017년1월19일 실상사) 때는 국토부가 남강댐 치수 대책을 위한 대안을 발표했다. 국토부는 '지리산댐 건설' 등 '구조물적 홍수 대책'과 댐백지위가 발제한 박창근 교수의 '비구조물적 홍수 대책'과 관련한 자료를 바탕으로 체계적으로 발제했다. 이 발표를 듣고 댐백지위에서는 "마천면의 경우, 홍수보다는 산사태 문제가 시급하다", "사천 지역 방류와 관련해서는 사천 시민의 동의가 필요하다"라는 등의 지적을 했으며 국토부도 이에 적극 동의했다.

양측은 남강댐 치수 대책을 함께 조사하는 방안에 대해서도 논의했다. 기초적인 데이터 자체의 신뢰조차 확보되지 못하고 있으니, 국토부와 댐백지위가 공동 사실조사를 하는 안이 거론됐다. 또 댐백지위가 남강댐 치수 대책 관련 '비구조물적 방법론'을 거론하고 있으니, 이를 구체적으로 제시하고 함께 검토하는 안이 제시되기도 했다.

그런데, 2시간 동안 열린 회의 동안 한마디도 하지 않고 경청하던 도법 스님이 회의 말미에 "환경단체 쪽에 어떤 걱정이 있는 것 같아. 그러니 좀 알아봐"라고 조언했다. 조정가는 "환경단체 쪽으로부터 무슨 언질을 받아서 하시는 말씀인가"라고 물었고 도법스님은 "환경단체가 대안 제시를 하지 않는 것은 구체적 검토나 대안 준비가 안 돼서 그러니 준비할 기회를 주어야 균형 잡힌 회의가 되지 않겠느냐"라고 설명했다. 도법 스님이 제3자의 입장에서 조정회의를 관찰하니, 국토부는 남강 치수 대책에 대해 활발하게 의견을 제시하는데, 환경단체는 파편적이거나 기계적인 반대의견만 내고 있었던 것이다. 또 3차 조정회의 때 박창근 교수의 자료를 빌어 임시로 의견을 피력하기는 했지만 댐백지위 안에 체계적인 연구가 축적돼 있지 않았기 때문에 "'비구조물적 방법론'을 구체적으로 제시해 보라"라는 제안을 듣고도 자신이 없어 표정이 밝지 못했던 것이다.

5차 조정회의 (2017년 3월 9일, 실상사)를 위한 개별 회의에서는, 도법 스님이 제기한 문제를 고민했다. 사실 환경단체가 정부의 정책에 무조건 반대만 하는 원인 중 하나는, 재정의 어려움 때문에 해당 정책에 대한 구체적 연구가 부족했고 그래서 합리적인 의견을 제시하지 못하기 때문인 경우가 많았다.

이런 사정을 파악하고, 5차 조정회의에서는 국토부가 댐 백지위에 연구 과제를 발주하기로 했다. 댐 건설을 반대하는 상대방의 생각을 정리하고 의견을 제시하도록 하기 위해 정부 측에서 연구비를 지급하기로 한 것이다. 이는 "상대방의 생각의 진전이 갈등을 해결할 열쇠"라는 갈등 해결 이론, 화쟁적 사고가 있었기에 가능한 일이었으며, "상대방의 의견을 분쇄하고 나의 의견의 우월성을 과시해서 내 뜻대로 일을 진행한다"라는 구시대적인 사고방식과는 전혀 다른 접근이었다.

의혹을 버리고 '신뢰 회복'을 선언하다

7차 조정회의 (2017년 6월 21일, 지리산생명연대사무실)에서 댐백지위와 국토부는 당사자 간의 신뢰가 회복됐음을 선포했다. 조형일 조정가가 정리한 '7차 조정회의 회의록'에는 "그 동안의 조정회의를 통해 당사자 간의 신뢰 회복은 어느 정도 이루어진 것으로 본다"라는 기록이 있다. 또 "사회적 대화는 새 정부 기조에 부응하는 부분이 있고 전형적인 숙의민주주의의 논의 구조로 본다"라는 문장도 있다. 이는 대화 자체를 거부하고 국토부를 '토건족'으로 치부했던 대화 초기 댐백지위의 태도와는 백팔십도 달라진 것이었다.

이것은 갈등의 양 당사자들, 특히 국토부가 성심껏 대화에 나선 덕분이라고 할 수 있었다. 댐백지위는 지리산댐이 다목적댐으로 건설되어 주변이 완전히 물에 잠기는 환경참사를 막는 것을 제1의 임무로 생각하고 있었다. 그래서 용유담 명승지 재지정을 요청하는 등의 노력을 했는데, 6차 조정회의(2017년 4월 26일)에서 댐의 성격 규정에 대한 확답을 들을 수 있었다. 댐백지위가 공문을 통해 질의하면 국토부가 공문으로 "댐은 홍수조절용이다"라고 답해주기로 한 것이다. 이렇게 해서 댐백지위측은 "다목적댐을 막게 됐다"라는 안도감을 갖게 됐으며 국토부에 대한 신뢰가 그만큼 깊어졌다.

6차 조정회의에서는 댐백지위에 발주할 연구과제도 확정됐다. '사단법인 생태도시연구소생명마당'이 조정회의 진행을 위한 토론회용으로 '기존 치수 대책의 비판적 검토와 비구조물적 대안'을 연구하기로 한 것이다. 국토부가 지급할 연구비로 2,000만 원이 책정됐고 연구 기간은 2개월로 한정했다. 그리하여 8월에 열릴 8차 조정회의는 댐백지위측에서 수행할 '남강 유역 치수 정책 연구 용역'을 기반으로 진행하기로 했다.

아군과 적군이 섞여 '한 팀'이 되어 토론하다

실상사 앞 한생명느티나무사랑방에서 진행된 8차 조정

회의(2017년 8월 29일, 실상사)에서 댐백지위측의 연구 결과가 발표됐다. 김지원 동의대학교 환경공학과 교수(부산경남생태도시연구소 생명마당 소속)와 박재현 인제대학교 토목공학과 교수(경남시민환경연구소 소속)가 공동으로 진행한 이 연구의 골자는 "남강댐의 홍수 조절은 남강댐 자체만으로도 가능하다. 지리산댐을 수단으로 해서 남강댐의 홍수조절을 하려는 시도에는 많은 문제점이 있다"라는 것이었다.

박재현 교수팀의 연구 결과는 우선 '식수 공급'과 관련하여 국토부의 연구 발표를 반박하고 있다. "남강댐의 저수용량, 용수공급가능량, 유효저수량 등의 객관적 수치를 분석해 볼 때, 국토부 및 수자원공사의 물 공급 능력 계산에 많은 허점이 있고 일관성도 없다"라는 것이었다. 또 "지리산댐이 일단 지어지면 그 댐이 언제든 다목적댐으로 전용될 수 있는 여지가 있다"라고 지적했다. 국토부가 '공문'을 통해 "지리산댐이 홍수조절용이 아니라 항상 물이 차 있는 상설댐, 다목적 댐이 아니다"라고 밝혔지만 댐백지위 측은 자체 연구를 통해 국토부의 이런 입장을 완전히 믿을 수 없다는 논거를 마련한 것이다.

이 연구는 '강변여과수' 방식으로 남강댐의 취수 능력을 늘릴 수 있으므로 우선 이 방법으로 식수 공급을 해보기를 권유하고 있다. 이는 인공적으로 하천 옆에 취수정(取水井, suction well. 땅속 물을 끌어올리기 위해 만든 우물)을 설치해 하천 바닥의 모래층을 뚫고 자연스럽게 여과되도록 한 다음 상수원으로 사용하는 방식이다.

또 홍수조절방법으로 남강 유역 내 저수지, 홍수터(홍수시 저수로를 넘치는 구역. 범람원이라고도 함) 등 빗물 저장 공간을 통합적으로 관리하는 스마트홍수관리시스템, 실시간 홍수 지도 능력 제고, 풍수해 보험제도 등을 제안했다.

댐백지위측이 이런 내용의 발제를 한 후, '토론'이 이어졌다. '댐'과 관련한 댐백지위 측의 철학은 "자연을 막을 수는 없으며, 자연을 막으려 하면 오히려 자연이 더 훼손되고 그럼으로써 인간에게도 해가 된다"라는 것이었다. 그리고 이를 기반으로 한 구체적 치수 대책도 마련됐다. 댐 문제와 관련하여 토론을 할 수 있는 '자체 콘텐츠'를 갖게 됐으니 국토부와 공평한 조건에서 토론을 할 조건이 마련됐다고 할 수 있었다.

그런데 토론은 댐백지위위원들과 국토부 공무원을 반반씩 섞은 일명 '섞어찌개 토론' 방식으로 진행됐다. 조정가는 흑백의 바둑알을 사용하여 댐백지위의 발제에 대한 찬성팀과 반대팀을 구성했는데, 양팀은 각각 댐백지위원 5명, 국토부 직원 4명으로 구성됐다.

즉, '적군과 아군'을 섞어서 팀을 구성한 것이다. 댐백지위 입장 찬성팀에 편입된 국토부 직원도 댐백지위에 '찬성'하는 입장에서 토론할 것이 요구됐다. 또한 댐백지위 입장 반대팀에 편입된 댐백지위원들은 댐백지위에 '반대'하는 임무를 띠게 됐다.

원래 토론(討論)이란, 어떤 주제가 갖고 있는 함의를 연구하기 위한 것이지 "내 생각이 옳고 상대방의 의견이 틀림"을 증명하기 위한 것이 아니다. 조정가가 토론을 기획한 것도 주제에 대해서 피아(彼我)가 함께 생각해보는 기회를 갖기 위한 것, 즉 지리산댐 문제와 남강댐 문제에 관해서 서로의 입장에서 생각해 보는 '역지사지'의 경험을 하게 하기 위한 것이었다. 그런데 '국토부 대 댐백지위'의 구도 하에 토론을 하면 오히려 진영논리로 다시 함몰할 우려가 있기 때문에 토론 형식을 '섞어찌개'식으로 한 것이었다.

토론의 두 팀은 각자 발제에 대한 찬성 논거와 반대 논거를 모조지 전지에 정리했고, 이후 발제자와 질의응답을 이어갔다. 이 과정에서 국토부와 수자원공사의 공무원 중 일부는 "왜 지리산댐을 지으면 안되는가"를 뒷받침할 논리를, 환경단체회원들 중 일부는 "왜 지리산댐을 지어야 하는가"를 뒷받침할 논리를 개발해야 하는, 전에 없는 상황을 경험하게 된 것이다. 자신의 본래 정체성과는 다른 상대 진영에 배속됐으니 상대 진영의 입장에 빙의돼 상대 진영의 논리를 개발해야 하는데 여전히 자기의 옛날 정체성에 갇혀 있는 사람도 있었다. 그러나 이날 토론은 대체로 토론의 진짜 의미를 되새기고 상대방의 입장에서 생각해보는 귀중한 경험이 됐다.

갈등이 물속으로 가라앉다

국토부와 댐반대위는 조정회의를 이어가면서 상호 신뢰를 갖게 됐다. 그런데 7차 조정회의에 들어서면서 지리산댐과 관련한 정치적 환경이 변화했다. 2017년 5월 들어선 문재인 정부가 7차 조정회의가 열린 6월 즈음에 댐과 관련한 정책의 변화를 시사한 것이다. 문재인 정부의 입장은 첫째, 수자원정책을 일원화하며 둘째, 수자원 정책 부서를 환경부로 이관하고 셋째, 지리산댐 관련 사항은 원점에서 재검토하는 것으로 알려졌다. 국토부에 있던 수자원정책을 환경부로 이관하니, 조정회의에 나서고 있는 '국토부 수자원개발과'도 입지가 흔들리게 됐다. 정부측의 대화 주체에 변화가 생겼으니, 조정회의를 지속할 수 있을지에 대해서도 고민하게 됐다. 회의에 나서는 국토부 공무원들의 입에서 "우리도 어떻게 될지 몰라요"라는 말이 나오기도 했다.

그래도 이때까지는 지리산댐 관련 조정회의가 유효하리라고 판단하고 있었다. 정부가 마련하고 있는 정부조직법 통과 여부, 물 관리 정책의 패러다임 변화 등을 살펴보면서 사회적 대화 지속 여부 및 댐사검위 참여를 결정하기로 했다. 8차 조정회의 때 '섞어찌개 토론'을 하면서 조정회의 참가자들은 다음 회의 날짜를 정부조직법 개정 과정을 지켜보면서 결정하지만, 아무리 늦어도 2017년 말 정도에는 재개하기로 했다.

그런데 2017년 9월 18일, "정부가 댐 정책의 중점을 '건설'에서 '관리'로 전환하고 대규모 댐 건설은 중단하기로 했다"는 뉴스가 나왔다. 환경부는 이날 '지속가능한 물 관리를 향한 첫걸음'을 발표하면서 "댐 건설의 인식체계(패러다임)를 건설에서 관리로 전환한다"라고 했다. 환경부 관계자는 "기존 댐 건설 장기계획에 반영된 14개 댐 중 추진 중인 원주천댐과 봉화댐 2곳을 제외하고 (건설) 추진 계획은 없다"라고 했다. 이 관계자는 "댐 건설 등 전통적인 방식의 수자원 개발로 인한 갈등이 적지 않다"며 "수생태계 건강성 등 환경에 대한 관심이 커지는 점 등을 두루 고려해 대규모 댐 건설은 하지 않을 것"이라고 못 박았다.

8차에 걸친 조정회의, 이를 위한 15차에 걸친 개별 회의를 거치면서 국토부−수자원공사와 환경단체들은 서로에 대한 신뢰를 쌓게 됐다. 8차 조정회의에서, 국토부−수자원공사와 댐백지화위원회의 대립구도도 일부 무너졌다. 국토부와 환경단체의 회의 참가자들 중 일부는 상대방을 '나의 생각을 진전시킬 동반자'로 인식하고 있었다. 이제 낙동강 유역 취수대책에 대해서, 그리고 지리산댐에 대해서, 환경단체들이 댐사전검토협의회에 들어가서 국토부−수자원공사와 머리를 맞대고 정식 토론을 할 수 있는 토대가 마련됐다. 그러면 지리산댐은 대한민국 갈등 해결 역사에서 하나의 이정표를 세울 수 있게 되고 이는 "토론 및 협상을 통해 이견을 해소하고 공통의 결론을 도출한다"라는 새로운 관행을 만들 수 있을 것이었다. '댐 건설'과 관련한 깊은 성찰에 기반 한 것이 될 터였다.

그러나 조정은 8차에서 갑자기 중단됐다. 지리산댐 계획이 백지화됐으니 조정회의를 계속할 이유가 없어졌다. 결국 정부 조직법 개정은 11월에 국회에서 확정됐다. 댐백지위는 이를 환영하는 '노댐 축하' 파티를 열고, 그동안의 수고에 대해 서로 격려했다.

김휘근 팀장
인터뷰

**Q. 김휘근 팀장은 지리산댐 반대 운동의
환경단체측에서 핵심적인 역할을 했다. 어떻게
이런 일을 하게 됐나?**

환경운동은 절대 하고 싶지 않았다. 저의 아버지(김석
봉 전 환경운동연합공동대표)를 보면서 "환경운동을 하면
가정이 어떻게 피폐해지는가"를 알게 됐기 때문이다.
98년과 99년, 중3과 고1 때 진주에 있으면서 아버지의
환경운동을 지켜봤다. 2001년 고3때 지리산 금계마을
로 봉사활동을 가서, 2주 동안 짐 날라주는 일을 하면
서 지리산살리기국민운동이 일하는 것도 지켜봤다. 그

런데 10년 뒤에, 어쩌면 운명적으로 여기에 다시 와서 살게 됐다. 마침 먹고살 길도 없는 상황이었는데 지리산생명연대가 활동가를 구한다고 해서 들어갔다. 지리산댐백지화운동의 간사 역할을 이 단체가 했다.

Q. 지리산댐 관련 사회적 대화가 김팀장에게 갖는 의미는 무엇인가?

지리산댐을 반대하던 '주민대책위'는 사실 허장성세였다. 그런데 지리산생명연대와 연계되면서 대화가 시작됐다. 일반적으로 환경운동이란, 합리적인지 아닌지는 둘째 문제고, 이게 싸워야 할 문제인지 아닌지와 '어떻게 싸울 것인가'에 집중해왔다. 그런 '투쟁'이 '화쟁'으로 전환된 것이 지리산댐과 관련한 사회적 대화였다. 2018년 우리 주민이 이 건과 관련하여 '물환경대상'을 탔다.

Q. '투쟁' 중심의 환경운동이 어떻게 화쟁으로 전환됐나?

지금은 합리성을 '대중'이 요구하는 시대다. 그러므로

운동가들도 거기에 맞추지 않을 수 없다. 예컨대 원전 신고리 5,6호기 건설 중단 여부에 대한 공론화위원회의 판단을 존중해야 한다는 인식이 우리 국민들 사이에 있다. 저는 위원회의 결정이 옳은 방향이었다고 생각하지 않지만, 과거의 '장외투쟁' 방식이 아니라 합리성을 중요시하는 '공론화위원회' 방식 자체에 우리 또래들은 공감했다.

Q. 언제부터 이런 생각을 했나?

8년 전, 환경운동을 시작할 때는 아버지가 했던 것과 같은 방식으로 했다. 우리가 약자고 언더독이므로 수단과 방법을 가리지 않고 싸워야 한다고 생각했었다. 그런데 조금 시간이 지나고 나서 "이게 아닌데"라는 생각이 들었다. 지금도 옛날의 투쟁 방식을 고수하는 사람들이 있는데, 그렇게 해서 우리가 뭘 얻은 적이 있나? 강경 투쟁하는 사람들을 보고 "수고한다, 잘한다"라고 하는 사람은 10%도 안 된다. 40% 정도는 아무 생각이 없는 사람들이다. 사실은 우리가 이들에게 다가가도록 해야 한다. 그러려면 투쟁력보다는 합리성을 갖춰야 한다. 지리산댐과 관련해서 저는 "대화

를 해서 우리가 설득될 정도라면, 댐을 짓는 게 맞습
니다. 우리는 10년 넘게 싸우면서 그 정도 논리는 다
갖추고 있지 않습니까. 이게 우리의 무기입니다. 대화
를 시도해보고, 그래도 안 되면 그 때 머리띠 매고 나
서도 됩니다"라고 주민들을 설득했다.

Q. '환경운동'을 아버지를 보면서 배웠을 텐데, 어떻게 해서 생각이 바뀌었나?

오랫동안 '투쟁'의 모습을 보았다. 그런 투쟁이 내게
아무런 설득이 되지 않았다. 그런데 일반 대중이 설득
이 될까? "우리가 당신들을 대신해서 싸운다"라는 옛
날 방식은 오늘날의 대중들에게는 거부감만 일으킬 것
이다. 대중은 "어느 편이 합리적인지"를 놓고 판단하
지 "어느 쪽이 더 처절하게 싸우는지, 어느 쪽이 약자
인지"를 놓고 판단하지 않는다는 것을 10년 세월 동안
꾸준히 봐왔다. 그런 관찰로 인해서 내 생각이 형성된
것 같다.

Q. 선배 활동가들과 갈등은 없었나?

수자원공사에서 전화가 오면 무조건 "안 만납니다", "안 합니다"라며 전화를 끊는 선배 활동가가 있었다. "엮이면 안 된다", "(공사를 강행할) 명분을 주면 안 된다"라는 이유였다. 그런데 명분을 주지 않아도 그 사람들은 사업을 진행한다. 명분을 주나 안 주나 차이가 없는데 왜 대화를 터부시할까? 대화의 노력을 해보긴 했을까? 상대에게 불신할 구석이 없는 것은 아니지만 이야기를 해볼 수도 있지 않을까? 이런 생각이 들었는데, 실제로 대화의 계기가 된 것이 '사회적 대화'였다. 화쟁위원회가 '안전장치'가 돼 주었기 때문에 이것이 가능했다.

Q. 화쟁위가 어떻게 해서 안전장치가 되나?

환경 관련 사업은, 환경단체가 대화에 응하면, 그걸 근거로 "합의가 됐다"라고 하면서 정부가 공사를 강행하는 관행이 있었다. 화쟁위가 이걸 막아주겠다고 보장한 것이다. 주체가 화쟁위니까, 수자원공사나 우리나 멱살 잡혀 끌려와서는 "너의 입장을 얘기해봐"라는 요구를 당하는 처지라는 면에서 다르지 않았다. 사회적 대화를 위한 합의문에는 "수자원공사가 주민들의 의견을 무시하고 멋대로 한다면 화쟁위가 언론을 통해서 이를 지적한다"라는 조항도 있었다. '투쟁 방식'의 한계에 대한 성찰과, 대화방식으로 일을 추진해볼 수 있는 조건으로서의 화쟁위가 있었기 때문에 대화가 가능했다.

Q. 화쟁위가 있기 때문에 투쟁 방식을 위주로 하는 선배 활동가가 아니라 김휘근 팀장이 문제를 푸는 데 핵심 역할을 할 수 있게 된 것인가?

그렇다. 확증편향을 갖기보다 객관적인 판단을 위해서 일시적으로 판단 유보를 하는 활동가들이 많아지고 있다. 젊은 활동가들이 많은 녹색연합 같은 단체를 보면 대화를 중시하는 이런 성향이 높다. 지리산 환경운동을 하는 사람들 중에서는 제가 좀 이질적인 존재이긴 했다. 저는 인공조미료 MSG에 대해서도 관대하고 유전자변형농산물 GMO에 대해서도 일단 판단 유보를 하고 있다.

Q. 생명연대 안에서 김팀장에 대한 반감은 없었나?

생명연대는 활동가들을 신뢰해주는 분위기였다. 저는 누가 말한다고 해서 무조건 따라가는 성격이 아니어서 저와 생각이 다르면 "이게 낫지 않은가"라고 말하는 편이었고, 그러면 선배들이 "젊은 활동가의 의견이니까 지켜보겠다"라는 식으로 응대해주었다. 저는 "결과로 보여줄 수 있다"고 생각하고 밀고 나갔다.

Q. 김팀장의 역할은 여러 단체들을 아울러서 의견을 취합하는 것이었나?

'초안 작성' 등 의견을 구성하는 단계에서부터 적극적으로 역할을 했다. 이때 우리 쪽 사람들을 어떻게 안심시킬 수 있을까가 문제였다. 처음에는 "화쟁위가 우리를 안심시킬 수 있을까?"라고 기대했는데 정작 우리를 안심시킨 것은 저쪽 팀, 국토부와 수자원공사였다. 그쪽에서 열린 자세로 나왔고, 우리가 문제 제기를 하면 적극적으로 해명하려는 노력을 했다. 지금 주민들은 남강댐 문제가 흑백논리로 어느 쪽이 옳다고 한마디로 말할 수 없으며, 문제 자체가 복잡하고 어렵다는 걸 다

이해하고 공감한다. 이건 매우 놀라운 변화인데, 이렇게 된 계기는, 수자원공사와 국토부가 우리와 몇 차례 만났을 때 보여준 자세였다. 가령 회의 도중 쉬는 시간에 그들은 "국토부가 지금 어떠어떠한 연구를 하고, 사업을 구상하고 있다"라는 등의 정보를 우리에게 얘기해줬다. 그리고 얼마 후, 그런 정황들이 뉴스로 보도된다. 자기네들의 정보를 투명하게 공개하니까 "이 사람들이 우리와 허심탄회하게 얘기하고 있구나. 우리를 대화로 설득하려 하고 있구나. 그렇다면 우리도 이들을 뭔가 대화로 설득할 수 있겠구나. 의미 있는 대화를 할 수 있구나"라는 생각을 하게 됐다.

Q. 마지막 단계에서 정부 공무원과 환경단체 회원들이 팀을 섞어서, 수자원 관리에 대해 토론했다. 이를 가칭 '섞어찌개 토론'이라고 할 수 있을 텐데, 그 토론의 효과는 어땠나?

예상했던 대로였다. 환경 단체 회원들 중 몇 분은 댐에 찬성하는 입장을 취해야 하는데, 그 자리에 가서도 여전히 원래 자신의 입장에 있었다. 수자원공사 쪽 사람들 중에도 그런 분들이 있었다. 그 토론이 실질적으로 서로의 입장을 이해하는 데까지 가기 위해서는, 몇 번 더 이런 토론을 해야 했다. 섞어찌개 토론 한 번 한 것만으로는 '역지사지'를 체질화하기에 불충분했다. 다만 분위기는 좀 달라졌다. 저는 토론 실습, 퍼실리테이터(Facilitator, 촉진자)를 몇 번 했기 때문에 역지사지의 마음가짐이 원래 좀 있었다.

Q. 왜 토론이 지속되지 않았나?

그때가 '탄핵' 시점이었다. 그래서 정치적인 판이 바뀌는 중이었고, 저쪽에서도 "우리도 앞으로 어떻게 될지 몰라요"라고 말했다. 지리산댐은 완성된 합의에 이를 수 있었는데, 내적인 논리가 아니라 외적인 환경변화로 결론이 난 것이 아쉽다.

Q. 물 관리 대책, 홍수 대책에 대한 논의도 끊어진 것은 문제가 아닌가?

원래 문제는 수자원 확보가 아니라 남강댐 홍수조절 문제였는데 이 문제는 환경부가 가져갔고 현재 여러 대안 연구를 하고 있는 것으로 알고 있다. 수자원공사에서 하는 남강댐 상류지역 오염 연구에 저도 참가하고 있다. 사천시와 진주가 대화하려 하고 있다는 상황을 최근에 수공 직원으로부터 전해들었다. 지리산댐 없이 남강댐 홍수 조절하는 방향으로 진행하고 있다고 한다. 그 과정에서 지금 갈등 조정이 진행되고 있는 것 같다.

Q. 아쉬운 점은 또 없나?

댐 반대가 목표였던 분들은 아쉽지 않을 것이다. 그런데 저는 아쉽다. 대화를 통해서 결론이 나오는 것과 권력 상황이 바뀌어 결론이 나온 것은 많이 다르다. 모로 가도 서울만 가면 된다는 사고방식이라면 다르지 않을 것이다. 지리산댐의 결과는, 꽃길을 걸어서 갈 수 있는 길을, 고속도로를 타고 간 셈이다. 꽃길로 갔으면 더 좋았을 것이다. "지역 사람들과 댐을 지으려는 사람들이 공동 논의를 하고 보니 댐을 짓지 않는 것이 옳다는 결론이 났다"라는 걸 정치권에 전달하는 상황이었더라면 더 좋았을 것이다. 그러면 이후로도 비슷한 상황에서 참조될 수 있는 좋은 선례로 남을 수 있었을 것이다.

이런 점만 제외하면, 물 관리 일원화라는 제도도 정립 됐으므로 이제는 지리산댐을 다시 짓는 시도는 어려울 것이며, 우리가 물환경대상도 탔기 때문에 만족한다.

Q. 상대편 파트너였던 국토부 우정훈 이사관은 어떤 사람이었나?

그 분은 자신의 일을 장악하고 대화, 소통했다. "그 부분은 어쩔 수 없습니다"라는 말을 절대 하지 않았다. 본인의 말에 항상 근거를 댔다. 그 분은 "내가 모르는 걸 저 사람이 알 것이다"라는 생각이 들게 하는 사람이었다. "나는 이렇게 생각하는데, 내가 간과하고 있는 사실, 정보들을 저 사람은 알고 있을 것이며 그의 말을 들으면 내가 갖고 있는 근거 중에서 몇 가지는 지울 수 있을 것"이라는 생각이 들게 만드는 사람이었다. 그 분 덕에 '관료'에 대한 인상이 많이 바뀌었다. (조형일: 사실 과장이면 실무 책임자고, 그 사람이 안을 다 내는 것이고, 위에서는 정치적인 판단만을 하는 것이다.)

Q. 조정가는 어떤 역할을 했나?

말 그대로 중재자 역할을 했다. 양쪽 말을 듣고, 대화를 설계하고, 쟁점을 무엇으로 잡을 것인지 정했으며, 현장 대화에서 사회 맡고, 기록-정리하기까지를 다 했다.

저는 지리산댐과 관련한 조정회의에 참석하여 조형일 조정가를 보면서 나름 조정 방법을 익혔기 때문에 이를 참고로 해서 이후에 독자적으로 갈등 조정을 했다. 4년 전에 지어진 문서보(문서 마을에 있는 보) 소수력발전소(작은 수력발전소라는 뜻으로, 낙차를 이용한 발전을 하는 발전소를 말한다)를 둘러싸고 함양군과 군민 간에 갈등이 있었다. 발전을 할 때는 강 수위가 낮아져 하류의 래프팅 사업에 타격을 주며, 물고기 길도 막혀서 상류의 어획량에도 악영향을 끼친다는 민원이 그동안 있었는데, 작년에 큰 비가 와서 시설 일부가 파손됐기 때문에 이 발전소를 복구하지 말고 폐기하자는 것이 쟁점이었다. 주민들로부터 이 문제를 해결해 달라는 부탁을 받고 갈등 조정에 나섰다.

문서보 소수력발전소의 수익 목표는 1억이었는데, 저는 주민들에게 현재 수익 상황을 알아보도록 했다. 간담회에서 "4천만 원밖에 수익이 나지 않았다"는 것이 드러났다. 민원이 있을 때마다 발전을 중단했기 때문이었다. 발전 비용 3천만 원을 제하면 별무수익이었다. 군(郡)의 입장은 "지은 지 5년 이내에 폐기하면 건설비용 20억을 다 토해내야 한다. 어쨌든 수익이 나고 있으니 폐기는 안 된다"라는 것이었다. 그래서 "회당 5천만 원 이상 수리비가 나오는 고장이 생기면 그때는 폐기한다. 농번기나 물고기가 올라오는 가을에는 가동을 중단하며 가동할 때는 항상 주민들에게 보고한다"라는 안을 주민투표에서 다수결로 통과시켰다. 37세인 내가 50대 아저씨들을 상대로 의견을 미리 조정하여 한 번의 회의로 끝냈다.

Q. 잘 해결한 것 같다.

그렇지 않다. 내가 잘한 것인지 확신이 안 선다. 왜냐하면 '내 생각'을 위주로 했으니까. 주민들의 생각을 다 끌어내지 못한 상황에서 문제를 해결해버렸다. 그러므로 "이렇게 해결한 것이 최선이었나" 하는 의문을 지울 수가 없다. 조형일 조정가는 자신의 생각이 아니라 갈등 당사자로부터 해결 방안을 끌어내는 능력이 환상적이었다. 저는 그게 어려웠다. "이게 답인데"라는 생

각이 자꾸 떠올랐다. 그러면 나는 내 생각에 맞추어서
양측의 의견을 조율하는 방식으로 했다. "내 생각을 어
떻게 없앨 수 있으며, 내 생각을 없앤 상황에서 어떻게
중재할 수 있지?" 이것이 나의 화두였다. 그런데 그게
잘 안 됐다. 갈등은 문제를 해결할 수 있는 에너지인데,
그 에너지를 일부 낭비한 것 아닌가 하는 고민이 있다.

도법 스님
인터뷰

**Q. 지리산댐 갈등에 화쟁위가 어떻게 해서 중재를
하게 됐나?**

당시 지리산댐에 대해서 남원대책위가 격렬하게 반대
했다. 남원은 댐 상류지역이기 때문에, 만약 식수원으
로 쓰이기 위한 댐이 만들어지면 상수원보호구역으로
묶여서 농사도 마음대로 짓지 못하게 되는 등 엄청난
제약이 따르게 된다. 그래서 지역 전체가 반대했다. 함
양군은, 주민들은 댐건설에 찬성했지만 소수의 환경운
동하는 사람들이 반대했다. 전국환경운동연합도 진주
환경운동연합을 통해서 반대운동에 참여했다. 지리산

생명운동도 물론 지리산댐 문제에 관여했다. 그런 가운데 정부가 "대화로 문제를 풀고 싶다. 댐반대위로 하여금 대화에 나서도록 할 수 있게 도와 달라"라고 해서 내가 나섰다. 남원대책위는 최종적으로 대화에서 빠졌다. 어떤 이유에서인지는 기억나지 않는다.

Q. 지리산댐 반대운동을 하다가 왜 갑자기 중립으로 돌아섰느냐며 당시 도법 스님에게 불만을 갖는 사람들이 많지 않았나?

나는 지리산댐반대운동을 한 적이 없다. 지리산댐 운동은 처음에 '지리산댐 백지화국민운동'이라는 이름이었는데, 나는 '지리산살리기국민행동'을 고집했다. 지리산운동은 근본적이고 지속적인 활동이어야 하며, 댐이라는 사건에 대한 대응 운동으로 그치면 안 된다고 생각하기 때문이었다. 그러므로 이것은 댐을 반대하느냐 마느냐와는 다른 문제다. 어떻게 하면 지리산을 잘 가꾸어 후손에게 전할 수 있느냐가 나의 관심사다. 댐을 만드는 것이 그렇게 하는 길이라면 나는 댐 건설에 찬성할 수도 있다. 찬성이냐 반대냐 중립이냐 그런 건 애초부터 나에게 해당하지 않는 단어들이다. 2010년부터 화쟁위원장으로서 일을 해오면서도 나는 이런 태도를 한 결 같이 견지해왔다. 그런데 마침 정부가 "대화를 통해서 합리적으로 문제를 풀겠다"라고 했고 그것은 내 생각과 맞는 것이어서 "그렇게 하자"라고 한 것이다.

Q. 사람들이 오해하지 않도록 해야 하는 것 아닌가?

내가 가령 제주 강정마을엘 가면, 사람들은 "도법이 제주해군기지 반대 운동하는 사람 편이구나"라고 생각한다. 그러나 나는 문제를 풀러 가는 것이고 해답을 찾으러 가는 거지 어느 편에 서서 찬성이나 반대를 하려고 가는 게 아니다. 사람들이 오해하는 것은 내가 어쩔 수 있는 것이 아니다.

Q. 대화를 반대하는 사람들을 어떻게 설득했나?

"화쟁위는 어느 편에 있는 존재가 아니다. 그러므로 만약 정부가 속임수를 쓴다면 화쟁위는 자연스레 댐반대대책위 편에 서게 된다. 화쟁위가 작은 단체이지만 그 뒤에는 조계종단이 있으므로, 정부가 불합리한 태도로 나오면 조계종단이 당신들의 우군(友軍)이 되는 것이다. 염려하지 않아도 된다"라고 설득했다.

Q. 지리산댐과 관련한 사회적 대화의 의의는 무엇인가?

화쟁위원회가 사회적 대화판을 만들어 운영했고 대립, 갈등하는 양 당사자가 참석했다. 그래서 극단적인 불신 불만·분노·두려움 등을 해소했고 당사자들 간에 공감하고 합의하여 문제를 함께 논의했다. 그러므로 그 사회적 의미는 간단한 것이 아니다. 그것은 화쟁위원회로서도 의미 깊은 대화였다. 정부와 환경 단체가 전에 이와 같은 합의를 이룬 적이 있는지는 내가 모른다. 다만, 2010년부터 활동해온 화쟁위의 역사에서는, 큰 사회 문제에 대해 이처럼 '긴 호흡'으로, 차분하게, 사태의 핵심 내용을 다룬 경우는 없었다고 할 수 있다.

대구 도매시장,
모두의 이익을 증진시킬 협상안을 찾아라

대구 도매시장 상인들은 시장 현대화와 관련하여 '이전'이 옳은지 '재건축'이 옳은지를 놓고 극한의 명분 싸움을 했다. 그러나 싸움의 진짜 요인은 '내 상점의 위치'였다. 정문과 북문에 인접한 B동 상인은 현재의 유리한 입지를 지키고 싶었고, 교통이 불편한 A동 상인은 이런 입지를 탈피하고 싶었다. 최종적으론 관련 상가를 화물 터미널부지로 옮기고, A동 쪽에 '남문'과 '다리'를 설치하고 도로를 확장하는 등으로 입지를 개선하며 B동의 기득권도 해치지 않는 '리모델링안'을 제시하여 갈등을 해소했다.

* * *

2014년 8월, 대구시는 북구 매천동에 있는 대구 농수산물도 매시장을 현대화하기로 결정했다. 연간 거래량(2016년 기준) 55만3천 톤에 이르는 대구 도매시장의 현대화 결정은 노후화한 시설을 개선 확충하고 거점 도매시장으로서의 기능 및 경쟁력을 강화한다는 목표 하에 이루어졌다. 가능하다고 생각된 방법은 이전, 혹은 재건축 두 가지였다.

2015년, 시장 내 유통 종사자들은 이전을 선호하는 단체와 재건축을 선호하는 단체로 양분됐다. 이전을 주장하는 측은 "대구 도매시장의 미래를 위해서 현 부지는 너무 좁다"라고 주장했다. 현 장소에서의 재건축을 주장하는 측은 "기존 상권이 구축돼 있는데, 이걸 버리고 장소를 이전하는 것은 어려움을 자초하는 일"이라고 주장했다. 시장에서 이익을 남기는 일을 하는 상인 입장에서 자신의 이해관계에 악영향을 끼칠 수 있는 '시장 현대화'는 초미의 관심사였다. 갈등은 첨예하게 드러났으며 감정싸움이 일상이 됐다. 그러나 이전파나 재건축파나 모두 자신의 이해관계에 대해서는 말을 꺼내지 못했다. 개인 차원에서 가장 중요한 관심사는 "내 장사가 어떻게 하면 잘 될 것인가"였을 텐데, 대부분이 "내가 도매시장을 위해서 애써왔고, 지금도 그렇다", "너는 대의를 못보고 너 자신만의 개인적 이해관계에 매달려 공익을 해친다"라는 식의 논리를 폈다. 개인의 이해에 큰 영향이 없다고 느끼는 사람들은 "나는 이전이든 재건축이든 상관없다. 대세에 따르겠다"라는 입장이었다.

2017년 6월, 조정가가 '갈등 분석'을 위해서 대구 도매시장 내 이해당사자들을 만났을 때, 그들은 갈등 해결 전망에 대해 부정적 반응을 보였다. "모두가 자기 이익에만 매달리는데, 갈등이 어떻게 해결되겠느냐"는 것이었다. 재건축이냐 이전이냐를 놓고 명분싸움을 하고 있었지만 속마음은 온통 자기 점포의 이익에 가 있다는 것을 모르는 사람은 없었다.

속마음은 얘기하지 않고 명분 싸움만 하니 의견이 모아지기는 어려웠다. 그러나 조정가와 개별 회의를 거치고 조정회의를 하면서 갈등 당사자들이 자신의 이해관심사를 합리적 언어로 드러내고 이해관계를 조정하면서 문제 해결의 실마리가 보이기 시작했다.

상인들의 이해관심사란, "시장의 발전이 '나'의 이익과 어떻게 조화를 이룰 것인가", "나와 너의 이익이 어떻게 타협할까"였다. 이전을 반대하는 측은 현재 도매시장 내에서 좋은 목을 차지하고 있는 측이었다. 그들은 "이전했을 때, 지금 내가 갖고 있는 기득권을 잃어버리면 어쩌나"를 걱정했다. 기존 시장에서 불리한 위치에 있는 측은 이전을 원했다. 그들은 "이전하게 되면 지금보다 더 좋은 위치로 갈 수 있을 것"이라는 막연한 희망을 가졌고 "이 좋은 기회를 놓치면 어떡하나" 걱정했다. 기득권을 잃지 않는 것, 현재보다 더 좋은 조건을 확보하는 것이 갈등 당사자들의 욕망이었다. 도매시장 내 구성원들은 그 욕망을 억눌렀고, 드러내지 못했으나 조정 과정에서 자신들의 욕망을 이해받고, 공개적으로 드러내도록 격려 받으면서 파편적으로나마 소통을 하기 시작했고, 자신들의 이해가 반영될 수 있겠다고 생각하면서 안도했다. 또한 그럼으로써 갈등이 해결되고 시장현대화가 이루어질 수 있겠다는 희망을 갖게 됐다.

조정가는 구성원들에게 "내가 도매시장 이전에 대해서 갖는 이해관심사는 무엇인가"에 대해서 생각할 수 있도록 하는 절묘한 질문으로 상인들의 토론과 생각을 유도해냈다. 그렇다고 해서 합의가 하루아침에 이루어진 것은 아니었고, 구성원들 간에 격한 감정의 충돌을 겪었다. 이렇듯 우여곡절 끝에 도달한 결론은 '이전'도 '재건축'도 아닌 '제3의 방안'으로서의 리모델링안이었으며, 구성원들 모두 결과에 만족했다.

2017년 12월, 5개월여의 조정 끝에 대구 도매시장의 주체들은 한 사람의 반대도 없이 새로운 시장현대화안에 찬성했다.

대구 시장 현대화의 조건: "정부 지원 받으려면 합의하라"

2014년 어느 날, 대구 농수산물도매시장에서 우리청과와 한국청과, 대아청과 등 도매법인 직원들과 도매법인에 소속된 중도매인들이 패를 이루어 고성을 지르고 몸싸움을 벌였다. 양파, 고추 등 출하농산물을 쌓아놓은 공간을 두고 영역 다툼이 벌어진 것이다. 도매시장에서는 경매를 위해서 농산물을 쌓아놓기도 하고, 경매가 끝난 후 남은 농산물을 비공식적으로 판매하기도 하는데, 도매법인별로 공간이 할당돼 있는 것이 아니어서 법인 간 영역 다툼은 일상이 돼 있었다.

이런 상황에 대해 중도매인들 일부가 "근본적인 대책을 세워야 하지 않느냐"라고 문제를 제기했다. 중도매인이란 경매를 통해 생산자로부터 농산물을 사서 소매상에 파는 일을 하는 사람들을 말한다. 경매 과정에서 도매법인이 생산자에게 '지급보증'을 해주기 때문에 중도매인들은 특정 도매법인과 관계를 맺고 있다. 농수산물도매시장이란 도매법인이 농수산물을 수집하고 이를 중도매인들이 경매를 통해 판매하는 곳을 말한다. 대구 도매시장은 이름은 '농수산물도매시장'이지만, 실제로 수산물에 대한 경매는 이루어지지 않고 있었고, '농산물'이 중심이었다.

대구 농수산물도매시장은 1988년 대구시 북구 매천동에 청과 경매를 시작하면서 오픈했다. 1996년에는 수산물도 취급하면서 현재의 부지 15만4천 제곱미터 건축 연면적 9만8천 제곱미터의 시장으로 자리 잡았다. 거래 물량은 2015년 기준 55만7천 톤으로 늘어나면서(이는 전국에서 1~2위를 다투는 규모다), 시설을 현대화할 필요가 생겼다. 기존 시장은 주차장이 협소하고, 건물 동 배치나 도로 교통 상황 등에 문제가 많아 비효율적이었다. 이는 다른 시장들도 마찬가지여서, 비슷한 시기 가락 시장이나 노량진 시장, 울산 시장 등 전국 농수산물도매시장에서 현대화가 추진되고 있었다.

이런 상황에서 법인들 간 충돌이 잦아졌고, 중도매인들이 문제를 제기하면서 '대구 농수산물도매시장의 현대화'가 화두로 떠올랐다. 주변에 있는 아파트 주민들은 "시장에서 냄새가 나니 시장을 이전해야 한다"라고 주장했고, 정치인들도 자기 지역으로 시장을 유치하겠다고 나섰다.

대구시는 연구 용역(2015년 1월~8월) 결과, 현 부지(2만 9천 평)는 너무 좁아 연면적 4만1천 평 정도를 확보해야 하며, 이를 위해서는 타 지역으로 시장을 이전할 수도 있고 현 부지에 재건축을 할 수도 있다는 결론을 얻었다. 그러나 이전을 위한 적당한 장소를 찾기가 어려웠다. 팔달지구, 대평지구, 구라지구, 검단지구 등이 후보지로 거론됐지만 팔달지구는 교통에 문제가 있었고 대평지구는 개발제한구역으로 묶여 있었으며 검단지구는 첨단산업단지 계획이 이미 수립돼 있어서 검토지에서 제외됐다. 구라지구는 물류접근성과 장래확장성 등에서 양호 판정을 받았으나, 이를 다른 용도로 개발하려 하고 있던 달성군이 반대했다.

재건축안도 공사 기간 중에 장사를 계속할 대체 부지가 마땅치 않다는 문제가 있었다. 장기간 공사에 따른 상권 위축 및 시장 혼란의 우려도 있었다. 이동건 대구시 농산유통과장은 2016년 11월 28일, 이런 보고를 하면서 "이해관계자들의 지속적 설득이 필요하다"라는 의견을 냈다. 그러면서도 재건축을 할지 이전을 할지 방향을 제시하는 일은 자제하고 있었다. 당사자 합의 과정에 시가 부당하게 개입하게 될 것을 우려했기 때문이다. 대구시의 이런 태도는 갈등 해결 원칙의 하나인 '당사자성 원칙'에 합당한 것이었다.

무엇보다 정부의 지원을 받으려면 당사자 간 합의가 필요했다. 정부는 농수산물도매시장 현대화 사업 지원 심사에 있어서 시장 내 '합의'를 중요한 평가 항목으로 채택했다. 정부가 민간사업 지원을 결정했음에도 사업자들 간 갈등 때문에 사업비가 낭비되거나 실종되는 경우가 많았기 때문이다. 정부 지원 사업으로 결정이 나면 사업비의 30%를 현금으로, 40%는 대출금으로 지원받게 돼 있었다.

정치 논리로 이슈화된 "재건축이냐 이전이냐"

대구 시장의 현대화 계획이 재건축과 이전 등 두 개의 방안으로 좁혀진 것은, 정치 논리 때문이었다. 북구의 최인철 지방자치의원은 "북구의 팔달지구 이전 또는 현 위치 재건축"을 희망했고 북구청도 같은 의견이었다. 달성군의 조성제 의원은 구라지구 또는 대평지구로 이전을 희망했고 달성군청 역시 같은 의견이었다. 지역의원이나 지자체는 현대화된 대구 농수산물 도매시장이 자기 지역으로 와서 지역 발전에 이바지하기를 바랐다.

대구시가 대구 시장 현대화 사업에 대해서 유통 종사자들의 의견을 "재건축이냐 이전이냐"로 물은 것은 이런 사정이 반영된 것이었다. 의견 수렴 결과 우리청과와 수산법인들 그리고 몇몇 중도매인 단체 등 7개 주체가 이전을 선호했으며 한국청과 대아청과 등 2곳은 재건축을 선호했다.

재건축을 주장하는 사람들은 다음과 같은 근거를 댔다. 첫째, 대구 도매시장은 교통의 요충지에 있으며 상권이 안정돼 있는데 '변화'는 이 상권을 붕괴시킬 위험성이 있다. 둘째, 좁은 공간은 주변 부지 매입 및 효율적 공간 운용으로도 해결 가능하다.

이전을 주장하는 근거는 다음과 같았다. 첫째, 넓은 부지에 충분한 현대화 시설을 갖추는 것이 대구도매시장의 미래를 위하여 옳다. 둘째, 재건축에 비해 공사 기간을 단축할 수 있으며, 이 편이 유통 종사자 간 갈등을 줄일 수 있다.

갈등 분석의 시작

대구시는 2017년 3월, '대구북부 농수산물도매시장 시설현대화 사업추진협의회'를 구성했다. 협의회는 김연창 대구시 경제부시장을 위원장으로 하고 도매시장의 도매법인, 중도매인, 관련 상가 대표 등 유통 종사자 13명, 갈등관리·건축·도시계획·유통 분야 전문가 각 1명, 공무원 4명 등 총 21명의 위원으로 구성됐다. 대구시 '시민소통과 갈등관리팀'의 추천을 받아 참석한 조형일 조정가는 회의석상에서 "이 문제는 건축이나 도시계획, 유통의 문제가 아니라 갈등 조정으로 풀어야 할 문제다"라는 내용의 발언을 했다. 이것이 옳게 여겨져 도매시장현대화추진협의회 안에 '갈등 조정 소위원회'가 설치됐고 '갈등관리팀'이 이 위원회에 사업을 발주함으로써 조정이 시작됐다.

현장을 찾은 조정가는 먼저 갈등 분석에 착수했다. 갈등 분석이란, 사건의 이해당사자들이 누구인지, 그들이 표면적으로 내세우는 주장은 무엇이고 실제로 원하는 속마음으로서의 이해관심사는 무엇인지, 그들이 제시할 수 있는 협상안은 무엇이고 협상안이 거부됐을 때 취할 수 있는 대안은 무엇인지 등을 조사하는 것이다.

대구 농수산물도매시장현대화와 관련된 이해당사자는 대구시, 시장 내 상인들, 주변 아파트 주민들, 도매시장을 유치하고 싶어 하는 경상북도 달성군과 대구시 북구 등도 포함되겠지만 조정가가 의뢰받은 조정은 상인들 간 갈등의 조정이었으므로, 핵심 이해당사자는 시장에서 장사하는 상인들이었다. 조정가는 2017년 6월2일부터 23일까지 한국청과 김갑식 회장, 우리청과 서대호 회장, 대아청과 이영식 회장을 비롯, 중도매인들이나 관련 상가연합회 김용주 국장 등 시장 내 유통 종사자 대표 13명과 이기형 대구시청 농산유통과장을 개별 인터뷰했고, 다음과 같은 갈등 분석 결과에 이르렀다.

갈등 분석1: 공통적인 이해관심사

구성원들은 현 도매시장의 시설이 낡고 좁으므로 시설 현대화 및 확장 필요성에는 모두 공감하고 있었다. 여기에 정부의 지원이 필요하며, 이를 위해 구성원들이 하나의 안에 합의해야 한다고 인식했다. 또 현대화 논의가 오랫동안 결론 없이 지연되면 이전을 하든 재건축을 하든 비용이 증가함으로써 어려움에 처할 수 있기 때문에 신속한 결정을 위해서 대구시가 역할을 해 주어야 한다고 생각하고 있었다.

갈등 분석2: 서로 다른 이해관심사

농수산물도매시장의 핵심 당사자는 도매법인과 중도매인이다. 도매시장 내의 갈등도, 도매법인 간의 갈등, 중도매인 간의 갈등, 도매법인과 중도매인 간의 갈등 등이 핵심적인 갈등이라고 할 수 있었다.

기존의 도매시장에서 좋은 자리를 차지하고 있는 도매법인들은 주로 재건축을 찬성했다. 지금 갖고 있는 좋은 목을 그들은 잃고 싶지 않았다. 재건축을 한다고 기득권이 지켜진다는 보장이 있는 것은 아니었지만, '이전'보다는 '재건축'이 더 현상유지에 가깝다고 느꼈던 것이다. 기존의 도매시장에서 교통도 불편하고 구석으로 몰려 있는 도매법인은 이전을 주장했다. 표면적인 이유는 "다양한 현대화 설비 및 시설 확대를 위해서는 더 넓은 부지가 있는 곳으로 이전하는 것이 좋다"는 것이었다. 그러나 이전을 하면 자기들이 좋은 목을 차지할 가능성이 커지기 때문이라는 것도 매우 현실적인 이유였다.

중도매인들은 '시장도매인제' 도입을 바라고 있었다. 시장도매인제란, 도매법인뿐만 아니라 중도매인도 농산품 수집을 할 수 있게 해주는 제도였다. 그러려면 법인용 경매장소 외에 별도로 중도매인용 경매장소가 필요하므로, 이를 위해서는 현재보다 더 넓은 부지가 필요했다. 중도매인들은 더 넓은 장소로 이전하면 시장도매인제를 실현할 수도 있다고 막연히 기대했고 그래서 '이전'에 찬성하는 중도매인들이 많았다. 그러나 중도매인들은 도매법인과 긴밀한 관계를 맺고 있었고, 자기와 연관된 도매법인의 입장에 따라 '재건축'을 지지하는 중도매인들도 적지 않았다. 물론 이런 이해관계들이 한 번의 면담으로 다 드러난 것은 아니다.

갈등 분석3: 충분치 못한 정보, 서로 다른 인식

구성원들은 시장 현대화와 관련한 정확한 정보를 갖고 있지 않았다. 향후 도매시장이 더 활성화되어 큰 공간이 필요하게 될지 아니면 지금의 공간으로 충분할지는 알 수 없었다. 시장을 이전했을 때, 상권이 형성되어 안정화하는 데 3년이 걸릴지 10년이 걸릴지도 알 수 없었다. 그것은 재건축의 경우도 마찬가지였다. 재건축의 경우, 한꺼번에 공사를 하면 공사 기간 동안 장사를 할 공간이 없어져 버리므로 순차적으로 공사를 진행해야 하는데 그러려면 10년 이상의 기간이 소요된다는 예상과, 3년이면 공사가 끝날 것이라는 예상이 혼재했다. 합의를 어떤 방식으로 할 것인지에 대해서도 명확히 정해진 것이 없었다. 지속적인 대화 노력을 기울이다가 최종 합의가 안 되면 다수결로 해야 하는 것인지, 혹은 합의가 안 될 경우 현대화는 미래의 과제로 남겨두어야 하는 것인지 결정되지 않았다. 이런 불확실성 때문에 논의는 진척이 없었고, 제자리를 맴돌았다.

갈등 분석4: "누구 하나 양보할 생각이 없는데 합의가 되겠어요?"

인터뷰 대상자들은 합의 가능성에 부정적인 시각을 갖고 있었다. 이전 혹은 재건축을, 한편이 이익을 보면 다른 편은 손해를 보게 되는 '제로섬게임' 혹은 정해진 파이를 나누어 먹는 게임 같은 것으로 인식하고 있었고, 누구 하나 자기 이익을 양보할 생각이 없다는 것을 잘 알고 있었기 때문이었다. 그래서 대구시가 나서서 강력하게 방향을 잡아 추진해야 한다고 생각했다. "대구시가 실질적인 현대화 사업 진행을 하지 못하고 시간만 보내는 회의를 하고 있다"라는 비판도 있었다. 그러나 대구시가 잡은 방향이 자신의 이익을 해친다면 이는 용납할 수 없는 일이었다.

그들은 또 "대구시가 세부적인 정보를 제공해주지 않고 무턱대고 유통 종사자 간 합의만 요구하고 있다"라고 문제를 제기했다. 시가 중립을 표명하고 있지만 실제로는 자신과 의견이 다른 측과 동조하고 있다고 의심하기도 했다. 특히 유통 종사자의 의견보다는 정치적 영향력에 의해 정책이 좌우될 것이라고 여겼다.

구성원들이 이런 의구심을 갖고 있는 상황에서 대구시도

일방적으로 공사를 추진할 수는 없는 일이었다. 무엇보다 정부의 사업 지원 조건이 '당사자 간의 합의'였기 때문에 상인들의 합의가 꼭 필요했다.

합의가 가능하다는 의견도 일부 있었다. 그들은 도매시장의 공영성을 재확인하고, 유통종사자들이 더 먼 미래를 바라보며 자신의 권리보다는 도매시장의 발전을 우선하는 태도가 필요하다고 주장했다. 특히 상인들이 동업자 인식을 갖고 협력을 통해 새로운 미래를 개척하려는 노력이 형성되면 충분히 합의 가능성이 있다고 했다. 이는 모든 구성원들의 바람이었지만, 그러나 자신의 권리보다 도매시장의 발전을 우선시하는 태도가 상인들에게 가능할지에 대해서는 누구도 자신 있게 답할 수 없었다.

'이전'이나 '재건축'에 대한 상인들의 의견은 그리 확고한 것은 아니었다. 겉으로는 어떤 입장을 취하고 있지만 실제 속마음은 복잡했기 때문에, 표면적인 자신의 주장과 다른 시장현대화 방식이 채택되더라도 수용성이 상당히 높을 것으로 조정가는 평가했다.

조정회의의 설계

조정가는, 도매시장 구성원의 복잡성을 고려하여 조정회의를 3단계로 나누어 진행하기로 했다. 즉, 1단계 '업종 내 의견 수렴', 2단계 '이해관계자의 입장에 따른 소협의체 구성 및 논의', 3단계 '최종방안 확정'의 단계를 밟기로 한 것이다.

1단계는 도매법인, 중도매인, 수산법인 등 같은 업종 종사자들 간에 의견을 수렴하는 단계이다. 같은 업종 종사자들은 이해관계가 일치하는 면도 있지만 서로 경쟁하는 관계이므로 대립적 감정도 있어서, 본격적인 논의 전에 이들 간에 상호 이해도를 높이고 견해차를 좁히며 의견을 조정할 필요가 있었다. 따라서 도매시장 이전시 혹은 재건축시의 문제점과 대안, 시장도매인제 도입에 대한 의견들을 이 단계에서 파악하고 정리하기로 했다. 이후 업종을 대표해서 2단계 회의에 참가할 사람들을 선발함으로써 1단계 조정은 마치기로 했다.

조정가는 1단계에서 특히 '시장도매인제'를 정리해야겠다고 생각했다. 시장 현대화는 "이전이냐 재건축이냐"를 중심으로 논의되어야 하는데, "시장도매인제를 도입해야 한다"라는 논제는 또 다른 논의 주제여서 핵심 주제를 논의하는 과정에 혼선을 불러올 소지가 많았기 때문이다.

2단계는 핵심 이슈인 이전 혹은 재건축 중에 어떤 방안을 선택할지에 대해서 본격적으로 논하는 단계다. 참가자는 도매법인 2인, 중도매인 2인 그리고 대구시청으로 한다. 전체의 의견 대변을 위해, 도매법인과 중도매인은 재건축 지지파와 이전 지지파를 각각 1인씩 선출한다. 이 소협의체에서 합의안 초안을 만든다. 조정회의는 5회~6회 진행되며, 필요할 때마다 개별 회의를 진행한다.

3단계에서는 2단계에서 만들어진 합의 초안을 들고 도매시장 시설현대화 추진협의회가 최종 확정하는 회의를 하기로 했다.

"체계적인 회의 진행 규칙 발표, 갈등 해결 희망 느끼게 해"

조정가는 회의의 원활한 진행을 위해서 회의 진행 규칙을 정해서 고지했다. 우선, 도매시장 현대화 방안은 '만장일치'로 결정하기로 했다. 이것은 매우 이상적인 목표로 보일지 몰라도 조정 성공을 위한 '필요조건'이었다. 조정이란 모든 구성원이 만족해야 성립하는 것이며, 조정이 됐다는 것은 곧 '만장일치'를 의미했다.

서대호 회장은 이에 대해 격렬히 반대했다. '만장일치'란, 한 사람만 반대해도 사업을 추진하지 못하는 것인데, 기득권을 갖고 있는 법인이 시간만 끌고 조정에 협조하지 않으면 어떻게 하느냐는 것이었다. 이에 대해 김회장은 '현실적 대안'으로 민주주의의 원칙인 '다수결'을 주장했다.

그러나 '다수결'이란, 결정된 안에 반대하는 사람이 있음을 의미하는 것이었고 이는 풀리지 않은 갈등이 남아 있다는 뜻이다. 만약 다수결로 결정을 해도, 이에 승복하지 않은 측이 반대 시위를 한다면 제3자의 눈에 갈등이 있다는 것이 드러나고 그러면 정부의 지원도 받지 못하게 된다. 그러니 '다수결'은 채택할 수 있는 방법이 아니었다. 이런 상황을 이해시키는 일은 쉬운 일이 아니었지만 결국 김회장도 '만장일치' 방침에 동의했다.

조정가는 또, 조정가의 역할, 구성원들의 발언 순서와 방법 등 조정회의의 원칙을 세세히 제시했고 또한 "상호 간에 예의를 지키고 상대를 존중한다", "상대방의 발언에 끼어들지 않고 경청한다", "인신공격성 발언과 욕설, 언성을 높이는 행위 등 상대를 자극하는 행동을 하지 않고 조정인의 통제를 따른다" 등의 '준수사항'도 고지했다.

2017년 6월 26일, '면담을 통한 갈등 분석 발표 및 조정회의 설계안'이라는 제목으로 이런 내용이 발표되자 김연창 위원장 등 대구 도매시장현대화추진협의회 22인은 "조정가가 확고하게 자리를 잡고 의견 수렴 과정을 이끌어가겠다"라는 생각을 했고 갈등 해결에의 희망을 갖게 됐다. 유통 종사자들도, 전에는 "이전이냐 재건축이냐"라는 주제로 공허한 논쟁만 거듭했는데, 이번에는 스스로 자신들의 의견을 충분히 반영하면서 회의가 진행된다는 사실에 만족했다.

조정을 위한 전략을 수립하다

조정가는 갈등 분석을 통해서 다양한 조직 간 갈등을 이해했다. 유통 종사자들이 "대구시가 나의 이익을 보호해주지 못하면 어쩌나"라는 두려움에 떨고 있는 것도 확인했다. 대구시 측에는, 상인들이 의견을 통일하지 못하고 자기 의견만 고집할 경우에 내놓을 대안을 물었다. 그래서 "이번 기회를 놓치면 앞으로 시장 현대화는 없다", "대구도매시장 이외에 다른 도매시장을 육성할 수도 있다"라는 메시지를 상인들에게 전하면서 합의를 하도록 유도, 압박한다는 전략을 짰다. 물론 이 말들은 모두 사실이었다. 정부가 시장 현대화를 위한 지원 정책을 펴고 있는 당시가 대구 도매시장으로서는 좋은 기회였다. 합의하여 하나의 안에 이르지 못하면 정부는 대구 도매시장의 현대화를 불가능하다 판단하고 다른 후보지를 물색할 수밖에 없을 것이었다.

1단계 조정회의

조정가는 7월 7일부터 21일까지 1단계 조정회의를 5차례 열었다. 중도매인, 도매법인, 수산법인을 차례로 만났고 이후 중도매인과 도매법인을 다시 만났다. 그러면서 앞에서 설명한 도매법인과 중도매인 사이의 수직적, 수평적 갈등 구조를 파악했다.

중도매인 내 입장에 따른 불신이 매우 크다는 것도 파악했다. 대구 도매시장 안에는 자연스럽게 중도매인들의 이해를 반영하는 전국 중도매인 지부도 들어와 있지만, 이 외에 도매법인과 연계된 중도매인들의 모임들도 있어서 이들 간에 갈등이 있었다. 우리청과의 서대호 회장은 '이전'에 찬성하는 중도매인들을 지지하고 있었고, 이것은 '좋은 자리'라는 기득권을 지키고 싶어 하는 한국청과 등에는 큰 위협이었다. 그래서 한국청과와 연관된 중도매인들의 조직 결성을 김갑식 한국청과 회장이 도왔고, 그 모임을 앞세워 서대호 회장에 대항했다. 그래서 1단계 조정회의 내내 '어용'이라느니 "무례하다"라느니 하는 말들이 오가면서 고성이 난무했다.

중도매인의 '시장도매인제'에 대한 기대도 확인했다. 시장도매인제는 도매법인의 기득권을 중도매인에게도 개방한다는 내용이기 때문에 도매법인으로서는 찬성하기 어려운 제도다. 도매법인은 시의 땅을 빌고 살아 움직이는 생물로서의 중도매인과 관계를 맺으며 장사하기 때문에 도매법인의 자산은 '실물'이라기보다는 '무형'의 자산이었다. 그러므로 '시장도매인제'가 도입되고 다른 자본이 들어온다면 이는 도매법인에게는 큰 타격이 될 것이었다. 그것은 우리청과의 서대호 회장도 마찬가지였을 것이지만, 우리청과로서는 현재의 '불리한 자리'라는 불이익을 타파하기 위해 약간의 위험을 무릅쓰고 '변화'를 모색하는 중도매인들을 파트너로 선택한 것이었다.

그러나 중도매인들은 시장도매인제를 '대구 시장현대화'와 연계하지 않기로 합의했다. 이 말은 당분간 시장도매인제를 요구하지 않기로 했다는 말이다. 중도매인들이 이렇게 하기로 한 것은, 이 제도에 대한 도매법인들의 반발이 너무 크기 때문에 단기간 내에 이 요구가 관철되기 어렵다는 것을 잘 알고 있었기 때문이다. 또한 "추후에 공청회를 여는 등 '공론화작업'을 통해 시장도매인제를 추진하는 방법이 좋지 않겠느냐"라는 대구시 측의 설득이 옳게 받아들여졌기 때문이다.

수산법인들은 재건축을 원했다. 지금도 장사가 잘 되는데 이전하는 것은 불안 요인이었다. 그런데 수산법인들은 도매가 아니라 사실상 소매이기 때문에 '도매시장' 안에서 자신의 목소리를 내기가 어려웠다. 가게들도 한 자리에 모여 있었기 때문에 청과법인들 사이에 있는 '상대적 박탈감'이나 '좋은 목'에서 오는 기득권 의식 같은 것도 없었다. 그래서 수산법인들은 "이전이든 재건축이든 잘 결정됐으면 좋겠다"라는 입장이었고 2단계 회의에는 참여하지 않기로 했다.

가장 갈등이 큰 것은 도매법인 간 갈등이었다. 서대호는 회의석상에서 자신감 있는 태도로 "시장도매인제에 찬성한다"라고 말했다. 그러나 개별 면담 장소에서 "(본인의 이익에 반하는 것일 텐데) 왜 시장도매인제에 찬성한다고 발언하셨느냐"라고 물으면 "뭐 그게 실제로 되겠어?"라고 말했다. 김갑식 회장에게는 그런 서대호 회장이 자신의 입지를 침범할 가장 큰 위협 세력이었다.

대구 도매시장 내 가장 큰 '권력'이자 '라이벌'인 두 회장은 표면적으로는 명분 싸움을 했다. 김갑식 회장은 '유통 구조의 미래'에 대해서 열변을 토하곤 했다. 시장 형성기부터 시장을 일궈온 자신이 대구도매시장의 공익을 대변한다는 말을 하고 싶은 것이었다. 그러면 상대편은 "또 그 얘기냐, 좀 짧게 말하라"라며 말을 잘랐고 이내 감정싸움으로 비화됐다. 서대호 회장은 "이전안(移轉案)이 채택된다면 김갑식 당신이 제일 먼저 당신 자리를 정하라. 나는 제일 나중에 남는 자리를 받겠다. 만약 재건축안이 통과되면 내가 제일 먼저 자리를 정하겠다. 그래도 되겠는가?"라고 물었다. 이회장이 대답을 못하면 "그것 봐라. 이전에 반대하는 것은 당신의 사적(私的) 욕심 때문이다"라고 공격했다. 이회장은 답하기기 어려웠다. 현실에서의 논의는 "재건축이냐 이전이냐"에 대해서 이루어지고 있었는데, 그의 속마음은 재건축도 아니고 이전도 아닌 현상유지였기 때문이다. 기득권을 갖고 있는 그에게는 '평등'을 내세운 김회장의 공격이 버거웠다.

속마음을 끌어내는 질문
"어떤 조건이라면 상대의 안(案)에 찬성하겠는가?"

그래서 조정가는 감정싸움을 하지 말고 합리적 대화를 해달라고 요구했다. 그는 서대호 회장에게 물었다. "어떤 조건이라면 이전에 찬성하시겠습니까?" 또 김갑식 회장에게도 물었다. "어떤 조건이라면 재건축에 찬성하시겠습니까?" 그러자 속마음들이 나왔다.

김회장은 법인별 건축을 원했다. 법인별 건축이란, 재건축시에 하나의 법인은 하나의 번듯한 공간을 차지하도록 건축해달라는 말이다. 당시 시장 상황은, 하나의 공간에 여러 법인이 섞여 있어서 갈등의 소지가 됐는데 이것을 개선하자는 것이었다. 그는 3년 기한으로 건물을 쓰고 그다음에는 추첨을 통해 자리를 바꾸는 안을 제시했다. 그러자 "그러면 짐도 옮겨야 하고, 보통 일이 아니다"라는 반론이 나왔고 이를 다시 "짐이 어딨냐. 전화만 바꾸면 되지"라고 받아치면서 논쟁으로 발전했다. 서대호 회장은 또 "재건축시 비상장법인의 위치 및 규모를 재설계해야 한다"라고 말했다. 비상장법인이란, 도매시장에서 경매에 붙여지지 않는 농산물들을 파는 법인들로, 이 법인들이 우리청과 등이 자리한 B동과 붙어 있으므로 번듯하게 독립 부지를 만들어 이전하면 좋겠다는 안이었다. 또 공사를 하는 동안 정상 영업을 할 수 있는 방안을 마련해야 하며, 그러려면 공사 기간 중 장사할 수 있는 대체부지 확보는 필수 조건이라고 말했다.

김갑식 회장은 "새로 이전하는 부지가 '구라지구'라면 반대하지 않겠다. 이곳은 교통이 좋고 고객의 접근성이 좋아서 상권 형성에 오랜 시간이 걸리지 않을 것"이라고 말했다. 대구도매시장은 초기에 황량한 허허벌판이었지만 자신의 노력 등으로 이만큼 발전했는데, 그런 노력을 처음부터 다시 해야 한다면 이전하지 않는 것이 낫다는 말이었다.

2단계 조정회의

1단계 조정회의가 끝나고 2단계 조정회의 1차 회의에 김갑식 한국청과 회장, 이영식 대아청과회장이 '재건축'을 대변하는 측으로, 서대호 우리청과 회장, 신종대 한국중매인연합대구지회 회장이 '이전'을 대변하는 측으로 참가했다. 그러나 2차 회의부터는 법인과 중도매인의 균형을 맞춘다는 애초의 계획에 맞추어 이영식 회장이 신삼호 엽채류 중도매인 대표로 교체됐다. 2단계 조정회의는 6차에 걸쳐 열렸다.

서대호 회장은 2차 회의 때 "법인별 건축, 사각지대 해소, 공공시설 우선 배치, 법인시설 선택시 추첨 방식 채택 등을 조건으로 재건축에 찬성하겠다"라고 전격적으로 제시했다. '사각지대 해소'는 우리청과가 위치한 B동에 길이 뚫려 있지 않으니 이를 개선하라는 요구였다. 공공시설 우선 배치란 경매장 주차장 등의 공공시설을 설계도상에 우선 배치하여 공공성을 먼저 추구하자는 말이고 '추첨 방식'이란 재건축 후에 어떤 법인이 어떤 건물에 들어갈지를 추첨으로 정하자는 말이었다. 이전을 주장하는 측이 과감히 "재건축도 좋다"라고 찬성했으므로 회의에서 참가자들은 이 안에 동의하고 서명했다.

그러나 개별 회의에서 이동건 과장은 재건축안에 대해 우려를 표시했다. 현재 위치에서 순차적으로 재건축을 할 경우 어떤 상가를 먼저 부술지, 해체된 건물의 상인들은 어디서 장사를 해야 하는지 등을 놓고 상인들 간에 극한의 갈등이 벌어질 것이 눈에 뻔히 보이는 듯했기 때문이었다. 한국청과의 김갑식 회장도 개별 회의를 통해 재건축안에 동의한 자신의 결정을 번복하겠다고 통보했다. '추첨'으로 업체 위치를 선정하는 것이 맘에 들지 않는다는 것이었다. 또 본인은 현상유지를 원하지만, 모두의 염원인 대구도매시장 현대화에 반대하는 것으로 비쳐질까 걱정됐기 때문에 재건축안에 서명한 것이었다고 변명했다. 이회장은 사실 2단계 조정회의가 시작됐을 때, "나는 현대화 추진보다 현 상태 유지에 더 관심이 있다"라고 직설적으로 속마음을 토로한 바 있었다. 이전까지는 "시장의 발전과정에서의 나의 공헌을 인정해달라"라는 말로 이를 에둘러 표현했었다. 서대호 회장은 "내가 대승적 차원에서 양보하여 재건축안에 합의를 이끌었는데, 김갑식 회장이 합의안에 서명까지 하고도 이를 번복한 것이 말이 되는가"라며 강력히 문제를 제기했다.

상인들의 속마음을 반영한 '리모델링'안 급부상

교착 상태를 타개하기 위해 김연창 부시장, 이동건 농산유통과장 등 대구시 측과의 개별 회의를 진행했다. 이동건 과장은 이전도 재건축도 아닌 제3의 '리모델링안'을 제시했다. 매천동 현 부지에 있는 대구 도매시장의 건물들을 부수지 않고 유지하면서, 인접한 화물트럭터미널 부지를 확보하여 공간을 넓히자는 방안이었다. 즉, 시장 한 가운데에 자리 잡은 '관련상가' 건물만 해체하여 그 공간을 무·배추·양배추 등의 농산물 경매장으로 넓게 쓰고 지하에 주차장을 마련한다는 안이었다. '관련상가'란, 대구도매시장에서 종사하는 사람들을 대상으로 노끈 등 일반 물품을 판매하는 상가로 여기에는 약 200명이 종사하고 있었다. 이렇게 하여 공간이 넓어지면 비상장 중도매인을 위한 공간도 마련할 수 있을 것으로 생각됐다. 만약 B동 앞에 자리한 비상장 중도매인들이 별도의 공간으로 이전하면, 그곳에 길을 내어 우리청과와 대구경북원예 등도 사각지대에서 벗어날 수 있었다. 이 '리모델링안'은 조정회의 및 개별 회의를 하면서 나온 상인들의 아이디어들을 종합한 것으로 이동건 과장이 보고하는 자리에서 '제3안'으로 명명됐다.

3차와 4차 조정회의는 이 새로운 안을 논의하는 장이 되었다. 새로운 안을 시청 직원이 제안하는 것은 갈등 당사자가 주체가 되는 '당사자성의 원칙'을 침해하는 것이 될 수도 있었으므로 조정가는 신종대 중도매인협회 대구 지회장에게 이 안을 조정회의에서 제안해달라고 요청했다. 중도매인 모임 내부에서는 애초에 목표했던 시장도매인제나 '이전' 등은 이루지 못했지만 '비상장중도매인들을 위한 공간 마련'이라는 현재의 성과를 평가해서 리모델링안을 '차선책'으로 규정하여 받아들였다.

이렇게 해서 리모델링안이 공식 안으로 회의석상에 올랐다. 이 안은 기존의 시장 구조를 유지하는 것이어서 김갑식 회장의 희망이 반영된 것이었다. 서대호 회장도 우리청과의 사각지대를 없앤 이 안을 받아들였다. 비상장중도매인들도 새로운 공간을 마련했기 때문에 흡족했다. 관련상가연합은 트럭터미널 부지에 새로 건물을 지어서 영업을 해야 하는 처지였지만, 새로 리모델링한 시장 안에서 계속 장사할 수 있으니 특별한 불만은 없었다. 애초에 지어진 건물도 상인들이 돈을 걸어 30년 사용 후 기부 채납했었다. 리모델링안은 구성원들의 이해관계를 골고루 고려한 안이었기 때문에 만장일치로 합의될 수 있었다. 김연창 부시장은 개인적 친분이 있는 서대호 회장을 불러 이런 취지로 설명을 하고 이 안을 받아들이도록 설득했다. 그 뒤 '현상 유지'에 가장 반대하던 김회장이 이를 받아들임에 따라, 리모델링안이 공식안이 되는 큰 고비를 넘겼다.

'촉진자'로서의 경계선에서… 조정가의 고뇌

그렇기는 했지만, 조정가는 리모델링안을 채택하는 과정에서 긴장했다. 이 안이 원래 대구시 공무원의 머리에서 나왔고, 조정가는 조정회의에서 제안이 나오도록 한 당사자에게 "이 안을 제안해달라"라고 요청했었다. 이는 '촉진자'로서의 경계선에 아슬아슬하게 걸쳐 있는 셈이었다. 조정가는 어느 경우에도 갈등 당사자들의 협상 과정을 촉진시키는 임무에 머물러야 하며 자기 아이디어를 내서 이를 밀어붙이는 방식으로 일을 진행하면 안 된다. 이 경우 조정의 원칙 중 하나인 '자율성'을 해칠 우려가 있고, 조정가가 내놓는 안이 완성도, 만족도에서 떨어질 수도 있다. 다행히 큰 문제없이 최종합의가 이루어졌다.

'리모델링안'에 합의한다면 이는 대구 도매시장현대화추진협의회 차원에서 나온 기존의 재건축안이나 이전안이 아닌 전혀 새로운 안이어서 대구시의 확인을 필요로 하는 일이었다. 시장에 인접한 화물터미널을 인수할 수 있는지도 확인해야 했다. '리모델링'을 '현대화'로 인정하여 정부가 예산을 배정해 줄지도 알 수 없었다. 그래서 대구시 차원의 결정이 필요했고, 김연창 부시장은 대구 시장과 논의 끝에 이 안을 추진하기로 결정했다. 이렇게 하여 대구농수산물도매시장현대화의 실질적 인 안이 확정됐다. 5차 조정회의는 리모델링안을 유통종사자 13인 전원에게 설명하는 자리가 됐다.

6차 조정회의에서는 도매시장현대화추진협의회 22인이 참여한 자리에서 리모델링안을 공식 추인 받는, 축복과 축하 의 자리가 될 것으로 기대됐다. 그러나 실제 회의는 그렇게 흐 르지 않았다. 신삼호 엽채류중도매인대표가 회의 도중 고성을 지르고 불만을 표시하면서 회의 분위기는 엉망이 됐으므로 이 자리에서 만장일치의 최종 합의에 이르지 못했다. 2단계 조정 회의 2차 회의에서부터 '재건축'을 대표하는 측의 1인으로 참 여해온 신삼호 대표가 최종안을 확정하는 자리에서 알 수 없는 이유로 느닷없이 소란을 피우니 사람들은 어리둥절했다.

신삼호 대표는 비상장 중도매인들이 이전해올 자리 부근 을 차지하고 있었다. "그런데 그 자리에 비상장법인들이 오면 나는 어디로 가란 말인가?"라는 불만이 있었던 듯했다. 혹은, 최종합의안을 설명하는 자리에서 같은 처지의 엽채류중도매인 들 중 일부가 이런 문제를 제기했을 수도 있다. 이는 얼마든지 해결될 수 있는 것이었지만, 그런 문제가 있다는 것을 언어로 표현한 적이 없기 때문에 의제로 오르지 않았었다. 부시장은 다른 날을 잡아 물류종사자들을 회식자리에 불러 폭탄주를 돌렸고, 그 자리에서 신삼호 대표를 꼭 안아주면서 "적당한 공간을 마련해주겠다"라는 언질을 주었다. 결국 신삼호 대표도 합의안에 서명했다. 이런 우여곡절 끝에 대구 농수산물도매시장 현대화를 위한 제3안, '리모델링안'이 확정됐다.

김연창 부시장
인터뷰

Q. 단기간 내에 대구 도매시장 갈등 조정에
성공했다. 그 요인은 무엇이었나?

'외부세력'이 없었던 것이 큰 요인이었다. 우리나라의
큰 갈등에는 대부분 외부세력이 끼어 있는데 그러면
문제가 복잡해진다. 시장 상인들은 공무원을 불신하
는데, 전문성 객관성을 갖춘 조정가가 있었던 것도 주
효했다. 조정가 덕에 상인들이 마음을 터놓고 서로 대
화하고 소통할 수 있었다. 이동건 과장이 현장에서 열
심히 한 것도 좋았다.

Q. 상인들과 폭탄주를 마시기도 했다던데?

이 조정은 100% 합의를 전제로 하고 시작했다. 그래서 도매시장 구성원들의 마음을 하나하나 다 보듬어야 했다. 그래서 상인들과 회식 자리에서 '러브샷'을 하기도 했다. "부시장님 때문에 내가 합의한다"라는 말을 한 상인도 있었다. 신삼호 엽채류 회장이 상을 당했을 때는 대구시 공무원들이 문상을 갔다. 그렇게 정성을 들였기 때문에 갈등이 해결됐다고 본다. 갈등을 해결하기 위해선 최고결정권자에게 사심이 없어야 하고 확고한 방향을 제시해야 한다. 갈등 초기에 시장에게 "개인적으로 이 갈등 해결에 대해 어떤 방향이나 안을 갖고 있으시냐"고 물었고 "갖고 있지 않다"라는 답을 들었다. 그러면 내가 방향을 정해서 확고하게 나가면 되겠구나라고 생각했다. 최고결정권자는 또 끊임없이 낮은 자세로 임해야 한다. 상인들에게 "저 사람이 저렇게까지 하는데"라는 생각이 들 수 있도록 하려고 노력했다.

Q. 갈등이 원만히 해결되리라고 언제 느꼈나?

> 처음에 조정가가 와서 회의 진행의 원칙 등을 얘기할 때부터 예감했다. 갈등의 중심에 버티고 서서 조정을 확고하게 진행하는 모습이 마음에 쏙 들었다.

Q. 대구 도매시장 갈등 해결의 의미는 무엇인가?

> 대구 도매시장은 갈등 해결의 '표준 모델'을 세웠다고 본다. 가락, 인천, 대전 등에 시장 내 갈등이 많은데, 대구 도매시장처럼 깔끔하게 갈등 해결한 사례가 있으면 내놓아 보라고 하라. 천문학적 비용을 절감하는 이런 갈등 해결에는 인센티브를 줘야 한다.

노량진 수산시장,
협상 대표와 구성원 간 소통은 생략할 수 없다

수산업협동조합은 2015년에 노량진 수산시장 내에 지하 2층, 지상 5층의 신시장을 완공했다. 시장을 노량진 전철역, 여의도 쪽과 연결시킴으로써 가치를 크게 높이는 현대화 계획의 일환이었다. 그러나 신시장으로의 입주를 반대하는 일부 상인들과의 충돌로 어려움을 겪었다. 대표 간에 어렵사리 성사된 갈등 조정도 상인들의 인준을 받지 못해 결렬됐다. 그 결과 수협은 개발 지연에 따른 막대한 손해를 입었고 입주 반대 상인들은 일터를 잃었다.

여의도 방면

올림픽대로

노량진 수산시장
신시장

노량진 수산시장
구시장

노량진역 9호선

노량진역 1호선

* * *

2016년 4월 3일, 노량진 수산시장 상인회의 한 간부가 수산 업협동조합중앙회 직원을 칼로 찔렀다는 뉴스가 보도됐다. 이를 본 조정가는 수협중앙회를 찾아가 "이 갈등을 조정하겠다"라고 제안했다. 수협은 갑자기 나타난 조정가를 믿지 않았으나 "보수는 조정이 성공한 후에 받겠다"라는 제안에 "밑져야 본전"이라는 심정으로 조정을 받아들였다. 조정가는 '인맥'을 동원하여 상인회에도 조정을 제안했고, 상인회가 이를 받아들여 조정에 착수했다.

갈등의 내용은 신축 건물로의 상점 이전과 관련한 것이었다. 수산시장의 소유주인 수협은 지어진 지 40년 된 구시장 건물을 폐기하기로 하고 2012년에 새 건물을 착공해 2015년 10월에 완공했다. 그러나 상인들은 신시장이 맘에 들지 않았다. "구시장은 넓은 '문화 공간'이었는데 신시장은 밀폐된 '마트'다"라고 느낀 것이었다. 수협의 요청에 따라 일부는 신시장에 입주했지만 일부는 입주를 거부하고 구시장에서 장사를 계속했다. 그러면서 광범위하게 갈등이 있었다. 언론에 보도된 '칼부림 사건'은 수협과 상인회 간 갈등이 폭발한 예로, '빙산의 일각'이었다.

상인들은 "신시장 건물은 맘에 안 들고 장소도 협소하니 리모 델링이나 증축을 해야 한다"라고 주장했고 수협은 "그건 들어주기 어려운 제안"이라며 "신시장은 구시장보다 객관적 넓이가 더 넓으니 일단 신시장에 입주하라. 그래도 불편하면 그 때 증축을 할 용의가 있다"라고 주장했다.

이런 가운데 조정이 시작됐고, 상인 대표로는 상인회장과 사무국장이 참가했다. '운동' 경력이 있는 사무국장은 수협의 입장을 이해했고, 일단 신시장에 입주한 후에 상인회가 힘을 잃지 않고 단결해서 계속 싸워나가는 것이 상인의 이익을 위해 최선이라고 생각했다. 조정 과정은 사무국장을 중심으로 진행됐다. 상인회장은 그러나 생각이 약간 달랐다. 상인들의 핵심 요구는 '증축'이었는데 합의문에 이에 대한 언급이 전혀 없어 불안해했다. 그러나 평생 장사만 한 상인회장은 합리적인 언어로 이를 표현하는 데 실패했으며, 불안감을 지닌 채 5월 17일 합의안에 조인했다. 1차 조정회의를 시작한 지 한 달여 만에 이루어진 속전속결 합의였다. 조정회의에는 철저히 '비밀의 원칙'이 적용됐고 일반 상인들은 회의가 진행되고 있는 줄도 몰랐다.

합의안은 상인들의 인준을 받는 데 실패했다. 상인들 대부분은 수협의 요청대로 신시장으로 입주했으나, 일부는 구시장에 남아 끝까지 저항했다. 그러나 상인들은 소송에서 패했고 상인회장을 비롯한 강경파들은 막대한 배상금을 수협에 물어주어야 하게 됐으며 장사도 더는 할 수 없게 되었다.

일부 상인들 신시장 입주 거부, 수협과 극한 대립

노량진 수산시장의 전신은 일제강점기인 1927년 서울특별시 중구 의주로에서 개장한 수산시장이었다. 1971년 한냉(한국냉장)의 관리 운영 하에 지금의 노량진동으로 이전했으며, 2002년 수협중앙회가 관리 운영을 위임받아 현재까지 이어지고 있다.

2012년 12월, 수협측은 지어진 지 40년 된 구시장 건물을 폐기하기로 하고 새 건물 착공에 들어갔으며 2015년 10월 이를 완공했다. 연면적 11만8,346㎡(약 3만5,800평)의 신식 건물로 지하1~2층에는 냉동 창고와 가공처리장, 지상 1층에는 경매장 및 소매점, 2층에는 식당과 시장홍보관, 3~4층에는 주차장, 5층에는 옥상 정원 등을 배치했다. 구시장 건물은 부수고, 그 자리에 수산 테마파크 등을 건설해 노량진 수산시장을 복합관광명소로 탈바꿈시킬 계획이었다. 또 지하철 1호선과 9호선에 통로를 직접 연결시키고 인접한 노들길과도 도로를 연결하면 시장의 가치는 더욱 올라갈 것으로 기대했다. 완공을 앞둔 2016년 1월, 수협 산하 노량진 수산시장주식회사는 시장 상인들을 대상으로 신축 건물의 자리 추첨을 추진하며 본격적인 이전 사업에 착수했다.

그러나 상인들의 반응은 부정적이었다. 공사는 가림막 뒤에서 진행됐었고, 공개된 신시장을 둘러본 상인들은 실망을 표현했다. "구시장보다 좁고 장사할 자리도 불편해보이며 환기조차 제대로 안 된다"라는 것이었다. 구시장은 넓고 공간이 확 트여 있는 '문화 공간'인데, 신시장은 밀폐된 공간이어서 '마트'와 같은 분위기라는 것이었다.

수협측은 "원래 1층에 경매장을, 2층에는 상인들의 점포를 배치할 예정이었으나 상인들의 반대에 따라 1층에 경매장과 점포를 모두 배치하면서 개별 점포의 공간이 좁아졌다"라고 해명했다. "최초 설계대로라면 상점마다 2.5평(약 8㎡)에서 3평(약 10㎡) 정도를 사용할 수 있었으나 상인들의 요구대로 경매장이 있는 1층에 판매장까지 배치하려다 보니 1.5평(약 5㎡)으로 줄게 됐다"라는 것이었다. 높아진 임대료도 갈등의 원인 중 하나였다. 신시장 월 임대료는 가장 좋은 A급 점포 기준 72만 원으로 기존 시장(평균 35만 원)보다 약 2배 비싸다.

수산시장의 개발 효과를 상인들과 나누어야 한다는 인식도 없지 않았다. 김선기 노량진 수산시장 상인 비상대책위원장은 "수협은 수산시장 터를 줄이는 대신 남은 땅을 부동산 개발 수단으로 삼으려고 한다"라고 주장했다. 공규범 수협 대표이사도 당시 언론에 "현재 제3종 일반주거지역으로 되어 있는 유휴부지를 서울시와 협의를 통해 일반상업지역으로 용도 변경을 추진하겠다"라며 "복합상업시설을 개발해 수협의 지속적인 수익구조를 만들고자 한다"라고 말한 바 있으므로 김선기 위원장의 주장에는 근거가 있었다.

수협의 요청에 따라 일부 상인들은 신축 시장에 입주했지만 일부는 입주를 거부하고 구시장에서 장사를 계속했다. 이에 따라 입주가 지연됐고, 신시장 신축과 구시장 철거를 묶어 계약을 맺은 현대건설에 수협이 내야 하는 지체배상금이 월 12억~16억 원 정도 발생하게 됐다.

　　수협은 신축 건물로 옮기지 않고 구시장에서 장사하는 상인들을 무단점유자로 간주해 무단점유사용료를 내게 하고 명도 및 손해배상 소송을 제기하겠다고 선언했다. 이에 반발하면서 수협과 상인회 사이에 실력대결이 벌어지게 됐다. 3월 15일, 수협은 구시장 상인들에 대한 얼음 보급을 중단했고 22일에는 구시장의 입구 봉쇄를 시도했으며 이에 따라 몸싸움이 자주 발생했다. 4월 3일에는 상인측 비상대책위원회 부위원장 김모씨(50)가 수협중앙회 간부 2명에게 흉기를 휘둘러 중상을 입히는 사건까지 발생했다. 김씨는 법정에서 5년형을 선고받았다.

　　수협은 4월 11일 전기와 해수 공급도 중단했으며 해수차가 들어오지 못하도록 바리케이드를 설치하는 등 실력 행사에 나섰다. 일부 화장실 지하수 공급도 끊겼다. 상인들은 직접 상수도를 잇고 변기를 교체하며 촛불을 켜고 장사를 강행했으며 이 과정에서 끊임없이 충돌이 발생했다. 수협측은 용역 직원들을 동원해 강제 집행을 시도했고 상인들은 오물을 뿌리면서 저항했다. 많은 사람들이 다치고 경찰에 연행됐다.

막다른 골목에서 조정이 시작되다

4월3일, 조형일 조정가는 뉴스를 통해 노량진 수산시장 상인이 수협 직원을 칼로 찌른 사건을 목격하고 이를 자신이 해결해야겠다고 생각했다. 그는 4일 수협중앙회에 전화를 걸어 '평화적 문제 해결'을 제안했으나 답이 없자, 수협은행에서 근무하고 있는 김영미 팀장에게 전화했다. "김팀장, 노량진 수산시장 갈등이 엄청 심하던데, 이거 해결해야 하지 않겠어요? 잘 조정하면 해결의 길이 열릴 수도 있겠는데." 김팀장은 수협 간부들에게 전화했으나 이미 상인들의 폭력에 치를 떨고 있던 간부들이 "그들과 대화하자는 것은 어불성설"이라며 관심을 보이지 않았다. 김팀장은 결국 공규범 대표이사에게 전화했고, 조형일 조정가를 추천했다. 공대표는 "나도 그런 사람을 찾고 있었다. 서울시에도 부탁했는데, 진척이 없었다"라며 반색했다. 김팀장은 서효재 경제유통팀장에게 전화해서 "대표님이 이렇게 말했다"라고 알렸고 김팀장의 상사인 부장에게도 전화했다. 덕분에 조정가는 5일에 수협중앙회 본사를 방문, 경제유통팀장을 면담하여 '대화를 통한 해결'을 논의했다.

그러나 수협측은 조정가를 '어지러운 판을 이용해 돈을 벌겠다는 사기범' 정도로 인식하고 "우리는 법무팀을 운영하고 있다"라며 거절했다. 법무팀에 이미 막대한 돈을 들이고 있는데 또 조정에 돈을 들일 수 없다는 말이었다. 조정가가 "만약 조정이 실패하면 나는 조정에 드는 비용을 받지 않겠다"라며 제안서를 제시했고, 그러자 수협측도 관심을 보였다. 법무팀은 법무팀대로 운영하면서, 즉 법적인 대응은 계속하면서도 조정을 시도해볼 수 있겠다는 생각이었다. 그러나 "상인회측이 대화에 나서겠느냐"라며 반신반의했다.

조정가는 일단 상인회측을 만나보겠다고 답하고 고민에 빠졌다. 감정이 격해져 있을 상인회와 어떻게 접촉할 것인가? 아무런 연고도 없는 사람이 불쑥 나타나 수협과의 대화를 권하면 이상한 사람 취급당할 것이 뻔했다.

고민거리가 있을 때 자주 그랬던 것처럼, 조형일 조정가는 북한산을 찾았다. 산길을 걷는 중에, 지난 연말 동문회 회식 자리에서 먹었던 싱싱한 제주 방어가 떠올랐다. "어떻게 이렇게 싱싱한 방어를 공수해왔느냐"라는 질문에 동창은 "지인이 노량진 수산시장에서 횟집을 한다"라고 답했었다. 이런 기억을 떠올린 조정가는 동창에게 즉각 전화를 걸어 그 '지인'을 소개받았는데, 그가 노량진 수산시장상인회 김철수 부회장이었다. 조정가는 김부회장에게 '조정'에 대해 설명했고, 김부회장은 상인회 김선기 비상대책위원장과 박현규 사무국장을 소개해주었다. 김선기 위원장도 "수협이 대화에 나선다면"이라는 전제 하에 조정을 수락했다. 이로써 극단적인 대결로 치닫던 상인회와 수협 사이에 대화가 시작됐다.

일사천리 회의 진행, 전격 합의 그러나 찜찜한 느낌

그리하여 '조정에 의한 노량진 수산시장 갈등 해결' 과정이 시작됐다. 2016년 4월 15일, 수협측의 서효재 팀장, 상인회측 비상대책총연합회 김선기 위원장과 박현규 사무국장 그리고 조형일 조정가 등 6명이 참석한 가운데 수산시장 인근의 한 회의실에서 '1차 조정회의'가 열렸다.

구시장 폐쇄 작업을 하던 당시, 서효재 수협 팀장은 한밤중에 통로를 막고 시위를 하는 상인들과 대치하면서 상인들이 갖고 있는 송곳 등의 흉기에 긁히고 찔리는 경험을 했기 때문에 상인들을 만나는 것 자체에 공포를 느꼈다. 그는 이날도 협상 장소 옆 건물에 30분 먼저 도착해 협상장을 내려다보면서 두려움에 떨었다. 그러나 이 자리에서 양측은 전제조건 없이 대화를 진행하면서 상호 신뢰를 쌓아 대립적 요소를 해소할 필요가 있다는 데 공감했다.

조정회의는 7차례 진행하기로 했다. 회의의 진행 상황은 비밀에 붙이기로 했다. 수협측이 구시장 폐쇄와 병행해서 진행하는 회의니만큼 비밀회의를 요구했기 때문이기도 했지만, 회의 내용이 공개되면 회의 당사자들이 속마음을 다 펼쳐 보이기 어렵기 때문이었다. 결국 회의 참여자들이 책임을 갖고 모든 것을 결정할 수 있도록 하기로 했다. 김선기 위원장과 박현규 사무국장은 자신들이 상인들을 대표하는 위치에 있었기 때문에 이를 흔쾌히 받아들였다. 수협측도 회의 대표들에게 전권을 위임했다.

4월18일 열린 2차 조정회의에는 수협측 윤수상 이사(노량진 수산시장), 김효동 부장(노량진 수산시장), 서효재 팀장(수협), 상인회비상대책총연합회측 김선기 위원장, 박현규사 무국장, 조정가로는 조형일, 김상규, 이강국이 참여했다.

상인측은 "'구시장을 그대로 수평이동시켜 신시장으로 옮겨야 한다'라는 것이 원래 상인측의 주장인데 신시장은 이 조건을 충족시키지 못했고 공간도 좁아져 마치 '수산마트'처럼 됐다"라고 주장했다. 이어 "우리의 조건이 충족될 수 없다면 신시장은 다른 용도로 변경하고 구시장을 리모델링해서 전통의 모습을 보존해야 한다"라고 주장했다. 수협측은 시장이 완전한 '수평이동'을 하지는 못했지만 2층에도 매장이 있기 때문에 '동일 면적'의 원리를 지켰으니 수평이동의 취지는 살린 셈이라고 맞받았다. 상인회측은 '동일 동선(動線)'의 원리가 깨졌다고 논박했다.

상인측은 기능적인 측면의 문제점으로 "구시장에는 길쭉한 매장도 있는데 신시장은 일률적으로 똑같은 모양의 자리만 있다", "가게 자리가 구시장보다 좁다" 등의 문제점을 제기했다. 상인측은 또한 이런 문제들을 해결하기 위해 '증축'을 요구했다. 설계를 변경하여, 지금 지어진 자리보다 신시장을 더 넓혀야 한다는 것이었다. 상인회측은 구체적으로 '구시장 3번기둥까지 증축'을 제안했다. 그러나 이미 지어진 건물을 설계 변경하여 늘린다는 것은 수협측으로서는 도저히 받아들일 수 없는 제안이었다.

양측은 그러나 "조정회의는 개방적인 자세로 문제를 해결하는 자리가 돼야 한다"라며 기능적인 측면의 문제들을 논의했다. 또 "문제가 있다면 이를 해결하기 위해 공간의 재배치를 협의할 수 있다"라는 데 합의했으며, 차후 회의에서는 "가게의 면적이 좁아지는 문제를 어떻게 해결할 것인가", "상인회측이 문제시한 '수평이동'에 대한 이견을 어떻게 좁힐 것인가"를 논의하기로 했다. 또 설계를 변경해서 1층의 가게 면적을 늘릴 수 있는지도 수협측이 조사해서 답하기로 했다.

4월 22일 열린 3차 회의에서 상인연합회측은 "전통시장의 가치(인간미, 역사성, 여유로움, 문화적 요소)가 가미된 현대화 시장이 되어야 활성화에 유리할 것"이라고 주장했다. 수협측은 "노량진 시장에 여유 공간을 확보하고 홍보관을 마련하는 등의 브랜드가치 제고 계획은 이미 있는데, 현재 갈등으로 지연되고 있다"라며 "그것은 미래에 수행해야 할 우리의 숙제이므로 지금은 현실적인 문제에 집중하자"라고 제안했다. 이날은 또 환기, 배수, 임대료 등의 문제들도 거론됐다.

조정회의 안에는 '어려운 문제'와 '쉬운 문제'가 있었다. '어려운 문제'는 '전통시장의 보존', '리모델링', '증축' 같은 문제였다. 신축 건물을 지어놓고 그리로 입주하는 상황에서 '전통시장의 보존'은 수협으로서 받아들이기 어려운 문제였다. "신축 건물을 수산시장이 아닌 다른 용도로 사용하고 수산시장은 구시장을 리모델링해서 계속 그 자리에 존치시켜야 한다"는 주장이나 "구시장의 3번기둥까지 신시장 건물을 넓혀야 한다"는 주장도 마찬가지였다.

그렇다면 이런 주장을 하는 상인들의 '속마음', '이해관심사'는 무엇일까? 그것은 '구시장에서 누렸던 넓은 공간'을 되찾고 싶은 것이었다. 신시장을 둘러본 상인들은 좁아진 가게 면적에 경악했다. 수협측에서는 "구시장에서는 '통로'에까지 물품을 진열했기 때문에 실제 가게 면적보다 더 넓게 느껴졌던 것"이라며 "신시장의 가게가 절대 좁은 것이 아니다"라고 설명했지만 상인들이 실제 사용하는 점포 면적이 좁아지는 결과가 된다는 것은 명백해 보였다.

그렇다고 다 지은 건물을 더 넓게 확장하는 일은 불가능했다. 조정가는 "가게 면적을 넓히는 방법은 여러 가지다. 왜 꼭 구시장 쪽 방향에서만 그 공간을 찾아야 하는가? 해답은 동서남북 네 방향에서 다 찾을 수 있고, 신시장 건물 내에서도 공간을 창출할 수 있다"라고 했고 이 말은 설득력이 있었다.

그래서 회의장 안에서는, '구시장 3번기둥까지 증축'이라는 말은 더 이상 나오기가 어려웠다. 협상장 안에서 대화를 주도하던 박현규 사무국장은 이런 사실을 직시하고 어느 순간부터 이 말을 사용하지 않았다. 대신 환기, 배수, 임대료 등의 문제에 집중하면서 내실을 기하려 했다. 4월 27일 열린 4차 회의 때는 양측이 "신시장에서의 가게 공간이 구시장의 공간보다 더 넓어야 한다"라는 데 합의했다. 또한 신시장에의 입점을 전제로 공간 부족 문제를 해결할 방안을 찾아보며, 입점 후 일정 시점에 공간 부족 문제가 다시 인지되면 그 때 '증축'을 검토하기로 했다. 이는 상인들의 요청을 일부 반영한 것이었다. 수협과 상인회 양측은 6차 조정회의 때 이런 내용의 '합의문 초안'에 합의하고 서명했다.

김선기 위원장은 그러나 이 합의문이 마음에 차지 않았다. 그는 이날 회의에서도 "합의문에는 '증축' 내용이 배제돼 있다. 상인들을 설득할 근거가 합의문에 없다. 증축에 대해서 좀 더 고민해주었으면 한다"라고 발언했다. 그러나 박현규 사무국장은 이 합의문으로 상인들을 설득할 수 있다고 생각했다. 실제로 회의장에서 주도적으로 발언한 사람도 대학 때 학생회장 경력이 있고 한때 '운동권'이었던 박현규 사무국장이었고, 서명도 그의 주도로 서명이 이루어졌다. 김선기 위원장은 찜찜한 느낌을 해소하지 못했으면서도 논리적인 반론을 할 수 없었으므로, 합의문 초안에 서명했다. 합의문 초안은 다음과 같았다.*

---

*   일반인들이 이해하기 어려운 부분 등은, 쉽게 이해할 수 있도록 약간 변형하거나 생략했다

노량진 수산시장 현대화 갈등 조정회의 이해관계자인 노량진 수산시장 현대화 비상대책 총연합회(이하 '연합회'라 한다)와 수협 노량진수산주식회사(이하 '수협'이라 한다)의 대표자는 노량진 수산시장 갈등을 해결하기 위해 다음과 같이 최종 합의한다.

- 다 음 -

1. 수협은 노량진 수산시장 현대화를 위한 현안수행 과정에서 수많은 의견수렴절차에도 불구하고 상인들의 의견을 좀 더 청취하고 반영하지 못한 부분에 관하여 [유감의] 뜻을 전한다. 연합회는 이유 여하를 막론하고 여러 차례에 걸친 합의와 양해각서 체결을 번복하게 된 부분에 관하여 [유감을 **표명한다**]. 또, 이미 발생한 다양한 갈등이 향후 노량진 수산시장 발전을 위한 밑거름이 되도록 상호 적극 협조하고 노력한다.

2. 판매자리 1층 전용면적은 현재 1.5평 수준에서 전체 상인 평균 1.9평 수준으로 확대하도록 한다. 그 방법으로는 점포 앞면에 있는 배수로 공간과 '사각

지대'로 남아 있는 공간을 활용한다. 또, '2층'에 입점을 원하는 상인들이 있어서 1층 공간이 생기면 그 공간도 적극 활용한다.

3. 신시장 내 상인 점유 공간 상층부로 공간 활용을 위한 사물함을 설치하기로 하고 제작비 등 소요 비용은 수협 측에서 부담한다.

4. 수협은 3년 후 판매자리 재배치시 상인들의 의견을 적극 청취 후 이를 반영하여 배치한다. [수협은 상인간의 자율적 합의에 의한 방안이 도출되는 경우 관계 법규 또는 안전 등에 문제가 없는 한 이를 존중한다.]

5. 입점 후 1년간 실제 시장 운영 이후 공간의 협소 또는 환기, 배수, 고객동선 등 포괄적 현안에 문제가 지속되는 경우 당사자간 합의를 거쳐 신시장 부지 내에서 증축을 포함하여 공간 확대를 위한 방안을 검토한다.
[이러한 논의는 수협측 대표와 상우회측 대표간 협의로 하고, 의견 접근이 되지 못할 경우, 관련 전문가 등이 함께 참여하는 조정회의를 통하여 협의를 진행한다.]

6. 이미 양 당사자 간 협상을 통해 결정된 임대료 인상은 유예 기간을 두어, 2017년 1월부터 시행하도록 한다.

7. 건어물, 활어보관장 관련 사항의 경우. (생략)

8. 수협은 향후 2단계 사업부지(잔여부지)를 개발할 경우, 노량진 수산시장의 상권이 신장될 수 있도록 하며, 관련 기 합의된 양해각서를 상호 인정한다.

9. 본 사안과 관련하여 발생한 민, 형사상 제소, 고소, 고발 사건은 화해와 협력의 정신에 따라 동시에 모두 취하하기로 하고 관계기관에 선처를 호소하기로 한다. 비대위 임원들은 상우회에 일정 기간 관여하지 않는다.

10. 어떠한 경우이든 80여년의 역사를 자랑하는 노량진 수산시장은 고객과 어민을 위한 공간이며 살아 숨 쉬는 삶의 현장이어야 한다는 점을 다시 한 번 확인하며 그동안의 노량진 시장 이미지 훼손 회복과 상인 내 갈등, 수협과 상인 간의 갈등 해소를 위하여 가능한 모든 자원을 동원하여 시장 활성화에

매진하기로 한다.

심각한 몸싸움이 벌어지고 칼로 상해를 입히는 사건이 발생하는 등의 극렬 대립 상황에서 양측이 합의문에 서명했다는 것은 매우 큰 뉴스였다. 상인들에게도 좋은 뉴스였다. 수산시장에서 철저히 을의 위치에 있었던 상인들에게 "상인들의 의견을 반영하여 수산시장을 운영한다"라는 합의 내용은 혁신적인 것이었으며, 이는 나중에 '시장발전위원회'로 구체화된다. 임대료 인상을 일정 기간 유예한다는 것도 성과로 볼 수 있었다. 물론 수협으로서도 환영할 만한 것이었다. 수협의 한 고위 임원은 "상인들의 의견을 반영한 시장 운영" 등의 내용에 대해서는 조정회의 참석자들을 질책했지만 "아니 이렇게 격렬한 충돌을 겪고 있는 사건을 어떻게 합의했어?"라며 놀라움을 표시했다.

이 초안은 상인들의 비준을 남겨놓고 있기 때문에 아직도 큰 관문이 남아 있는 셈이었다. 합의문 초안에도 "초안은 합의 활성화를 위한 목적으로 작성된 것이며, 의견이 최종적으로 일치한 것은 아니다"라고 표시돼 있었지만 수협측에서는 합의를 기정사실인 것처럼 인식했다. 그들은 격렬히 대립하던 상인들이 다시 손잡고 앞으로 나아갈 것을 생각하며 가슴이 벅찼다. 당시 강명석 수협은행 감사가 청와대에 들어가서 이런 상황을 보고했고, 수협은 여의도에 있는 해양수산부 사무실에서 조인식과 기자회견을 할 계획이었다. 상인회 위원장과 사무국장이 참가한 조정회의에서 작성된 합의문이니, 그렇게 기대하는 것도 무리는 아니었다.

상인들의 반발, 합의안 파기, 기나긴 투쟁, 모두의 패배

그러나 그것은 신기루였다. '증축', '전통시장 사수'라는 목표를 갖고 있던 상인들에게 합의안의 내용은 보잘것없는 것으로 여겨졌다. 그들 사이에서는 "버티면 수십억을 보상받을 수 있대"라는 말도 나돌고 있었다. 그런데 김선기 비상대책위원장과 박현규 사무국장이 신시장으로의 입주에 합의하는 합의문을 들고 나오니 납득이 되지 않았다. 조정회의가 철저히 비밀리에 진행됐기 때문에 합의문은 충격으로 다가왔다.

합의문 초안을 논의하기 위한 24명 임원회의에서 협상 반대파들은 목소리를 높였고, 김선기 위원장과 박현규 사무국장에게는 비난의 화살이 꽂혔다. 상인들은 "너 수협에서 돈 4억 받았어, 5억 받았어?" 같은 막말을 했다. 사무국장은 카톡에 합의안을 올리고 "이 안에 대해서 논의해달라"라고 끝까지 호소했지만 강경파 상인들은 듣지 않았다. 결국 합의안은 상인총회에 정식으로 상정하지도 못한 채 파기됐고 7차 조정회의는 무산됐다. 상인들은 신시장 입주파와 구시장 잔류파로 갈렸으며 잔류파는 이후 3년 넘게 기나긴 투쟁을 계속했다.

그 결과는 '모두의 패배'였다. 수협은 소송에서 승리해 구 시장에서 상인들을 쫓아냈지만 3년 이상의 기간 동안 매년 백 억 원 이상의 손실을 봤다. 일부 상인들은 피곤한 투쟁에 내몰 렸으며 생계에 곤란을 겪었다. 가장 큰 피해는 김선기 위원장 에게로 돌아갔다. 그는 수협이 제기한 26억 손해배상 소송에 휘말렸고, 노량진 수산시장에서 운영하던 3개 점포를 모두 잃 었으며, 15억 원짜리 자택까지 압류당하는 처지에 몰렸다. 다 른 상인회 간부들은 가족들 명의로 돌려놓는 등의 조치로 재산 을 지키기도 했지만 약삭빠르지 못하고 사람 좋은 그는 그렇게 하지 못했다. 그는 2019년 9월, 노량진 수산시장의 현재 상황 을 묻는 질문에 우울한 목소리로 "나는 그 일에서 손 뗀 지 2년 이 지났기 때문에 싸움이 어떻게 되고 있는지 모른다. 지금은 병원을 들락거리고 있다"라며 "더 이상 노량진 수산시장에 대 해서 이야기하고 싶지 않다"라고 말했다.

실패의 연구,
'보상'의 요구와 정면대결하지 않아 혹독한 대가를 치렀다

노량진 수산시장 상인과 수협 사이의 조정은 결국 실패로 끝 났다. 초스피드로 합의안 초안에 서명했으나, 결국 상인회의 비준을 받지 못했다. "실패는 하나의 교훈이며 상황을 호전시킬 수 있는 첫걸음이다"라고 한다. 그 교훈을 얻기 위해서는 실패의 원인에 대한 연구를 해야 할 것이다. 뭐가 잘못된 것일까?

무엇보다 가장 큰 요인은 '조정가의 욕심'이었다. 갈등 해결학, 평화학에는 "조정가가 이해당사자보다 더 조급해서는 안 된다"라는 격언이 있다. 그런데 조정가는 갈등 조정의 착수나 진행 과정에서 열정에 불타고 있었다. 노량진 상인이 수협 직원을 칼로 찌른 '칼부림' 사건, 상인들 시위 과정에서의 무력 충돌 등을 보고 "이 사건을 내가 빨리 해결해야지"라는 생각에 집착했다. 거기에는 "평화를 이루겠다"라는 서원(誓願)도 물론 있지만 "내가 이 사건을 해결해서 이름을 날리겠다"라는 공명심도 있었다. 이는 유명해진 후의 '수익'과도 밀접하게 관련된다. 조정가는 "갈등이 해결되지 않으면 조정 비용을 받지 않겠다"라고 선언했는데, 그것도 문제를 빨리 해결하고 싶은 욕망을 키웠을 것이다.

그 '욕심' 덕에 조정회의는 초스피드로 진행됐다. 주 1~2회 조정회의를 하고 8회의 조정회의로 마무리를 짓겠다는 시간표는 유례가 없는 것이었다. 실제로 2016년 4월 14일 1차 조정회의를 시작한 이후 한 달도 지나지 않은 5월 10일, 양측이 합의문 초안에 서명했다. 이것은 갈등의 양측 당사자가 바라는 바이기도 했다. 수협은 상인회가 '시간 끌기' 전략으로 나

올까 우려했고 상인회는 수협이 조정회의를 강제집행 명분으로 삼을 것을 우려했다. 그런 상황에서 조정에 나선 양측 대표들은 '힘'이 아니라 '대화'로 '상생'을 지향하는 조정에 매료됐고 그래서 합의안에 이르렀다.

그러나 '신속'보다 중요한 것은 '정확'해야 한다는 것이다. 속도에 치중하다 보니 조정의 원칙을 소홀히 한 부분이 있었다.

그것은 첫째, '갈등 분석'을 생략했다는 것이다. 당시는 상인과 수협의 물리적 충돌이 매일 일어나는 급박한 시기였기 때문에 조정을 서둘러야 할 필요성이 크기는 했다. 그러나 상인연합회의 구조와 조직구성 및 의결 방식, 상인들의 실질적 이해관심사, 상인들의 특성 등에 대한 조정가의 이해가 부족했다. 협상 대표들을 통해 들은 정보를 바탕으로 상인들의 이해관심사 및 요구가 정리되었으며 조정회의의 의제가 설정됐는데, 그 때문에 대표자들이 파악하지 못한 다른 이해관심사와 내부의 복잡한 세력관계를 제대로 알지 못했다.

구체적으로는, 상인들 중에 '보상'을 원하는 사람들이 있었는데, 이것이 정식 의제로 오르지 못했고 그래서 이 부분이 소홀히 처리됐다. 보상을 원하는 사람들의 욕구에 대한 충족 방안 및 대책이 없었기 때문에, 합의안 초안을 비준받기 위한 상인 총회 이전의 '임원회의'에서 거센 반발에 부딪혔다. 이는 '보상'이 정당한지 부당한지, 또는 적법한지 불법인지의 문제

와는 다른 문제다. 무엇이 옳은지 그른지, 적법한지 불법인지
는 조정의 논제가 아니다. 갈등 당사자가 원하는 것, 그것이 조
정의 주제가 돼야 한다.

물론 '보상'이라는 요구가 회의장 안에서 알 수 있는 것은
아니었다. 조정회의 전이나 혹은 회의 진행 중에는 이런 요구
가 표면으로 드러나지 않았다. 이슈는 "가게 공간이 좁아졌다",
"임대료가 비싸졌다", "환기가 안 된다" 등의 문제에 집중됐다.
"신시장의 가치 상승에 따라 점유권의 가치도 올라갔을 테니
이에 대해 보상하라"라는 요구는 나중에 발생한 것이다. 그럼
에도 불구하고 상인회의 구조 및 구성, 상인들의 특성, 상인들
개개인의 '속마음', '이해관심사'를 파악하는 '갈등 분석'의 시
기를 거쳤다면, 그래서 '현장'을 놓치지 않았다면 이 이슈도 조
정회의 안에서 정식으로 다루어질 수 있을 것이었다.

'현장'을 놓친 결과는 혹독했다. 1차로는 '보상'의 요구를
다루지 못해 합의안 비준이 무산되었고, 2차로는 갈등 장기화
의 원인이 됐다. 구시장에는 신시장으로의 이전을 거부하고 계
속 영업하는 사람들이 있었다. 그런데 상인들 일부가 신시장으
로 이전한 이 상황은 이들에게 매우 유리한 상황이었다. 기존
'전통시장'의 이점은 고스란히 누리면서 신시장 입주 상인들
의 점포 자리까지 사용할 수 있기 때문이었다. 이들은 약 1년
쯤 후 수협이 명도 소송에서 최종적으로 승리해 강제집행을 하
면서 단전(斷電) 단수(斷水) 조치를 취하자 비로소 점거를 풀

었다. 만약 이 때쯤 합의안이 나왔으면 비준을 받기가 더 수월했을 것이다.

　노량진 수산시장 갈등 조정의 실패에서 얻는 두 번째 교훈은 '비밀유지 원칙'에 대한 성찰이다. 조정회의에서 비밀유지 원칙은 매우 중요하다. 그러나 노량진 수산시장의 경우, 이 원칙의 철저한 적용이 부작용으로 나타났다. 상인들은 조정회의가 진행되고 있다는 상황 자체를 몰랐다가 어느 날 갑자기 자신들의 눈높이에는 턱없이 부족한 '합의안'을 집행부가 들고 나오자 이를 불신의 눈으로 바라봤다. 그래서 "왜 몰래 했어?", "수협에서 돈 받았지?"라는 말을 집행부가 듣게 됐다. '비밀유지 원칙'이 중요하지만 '집행부와 구성원 간 소통' 또한 소홀히 해서는 안 된다는 것이 노량진 수산시장 갈등 해결 실패의 교훈이다.

박현규 사무국장
인터뷰(2019년 9월)

Q. 합의안을 어떻게 평가하나?

나는 합의안이 도출돼 뿌듯했다. 사실상 우리들의 요
구가 다 수용됐다. 상인들이 참여하는 '시장발전위
원회'를 구성해서 그 안에서 시장과 관련한 정책을 다
룬다는 내용은 상인들로서는 전에 없던 권리를 명문화
한 것이다. 임대료에서도 양보를 받아냈다. 상점의 공
간 문제에 대해서는, 계속 협의 중이다. 조직이 분열돼
힘이 떨어졌지만, 신시장 입주 상인들을 추스르며 앞
으로 나아가고 있다.

Q. 당시에 왜 인준을 못받았나?

우리들의 사기가 너무 충천해 있었다. 조직은 강고했고, 투쟁 자금도 6억이나 모았었다. "우리가 이길 것"이라는 믿음을 가진 사람들에게 합의안은 너무 부족한 것으로 비쳤을 것이다. 당시 상인들은 구시장을 다 온전히 보존할 수 있다고 생각했다. 그게 아니라면 구시장 3번기둥까지 증축을 해서 신시장 면적을 2,000평 정도 더 넓히라는 요구를 했다. '전통시장 보존'은 명분도 그럴듯했다. 그러나 법적 현실적 조건을 보면 이 요구들은 이루어지기 어려운 것이었다. 조정회의에 참가한 나로서는 냉철히 생각해야 했고, 그 결과 싸움이 빨리 끝날수록 좋다고 생각했다. 일단 합의안에 인준을 하고, 팀워크를 흩트리지 않은 채 신시장에 입주해서 투쟁을 계속하는 것이 상인들의 이익을 위해서 최선이라고 생각했다. 그러나 상인들은 합의안에 대해 설명을 해도 잘 알아듣지 못했다. 당시에는 이런 나의 생각을 제대로 설명할 시간도 없이 조직이 무너졌다고 느꼈다. 그런데 지금 생각해보면, 내가 어떻게 했어도 높아져 있는 상인들의 당시 눈높이를 맞출 수는 없었으리라는 생각이 든다.

Q. 구체적으로 비준안이 부결된 과정은 어떤 것이었나?

상인들에게 합의안을 보여주고 설명했다. 70%는 받아들였고 30%는 미흡하다고 했다. 이를 상인총회에 붙이려고 했는데, 반대하는 측에 의해 중간에 내용이 왜곡돼 전달됨으로써 분위기가 반전됐다. 특히 김선기 위원장이 소속된 '고급' 부류 회의에서 합의안이 부결됐고, 이것이 큰 타격이 되어 동력을 상실했다. 합의안이 잘 설명되지 못했고, 어떤 사람이 "더 싸워야 하지 않겠는가"라고 하니까 "우리는 하나다"라는 구호를 외쳤다고 한다. '고급' 부류가 노량진 수산시장의 리더격이었기 때문에 '대중', '냉동', '패류' 등의 다른 부류에서는 회의를 열지도 못했다. 이렇게 된 데는 "버티면 큰 보상금을 받을 수 있다"라는 심리도 작용했다. 그런 주장을 강하게 한 사람들이 지금 저기 구시장 컴컴한 데서 웅크리며 버티고 있는 약 50명의 강경파들이다. 조정회의에 참가하고 합의안 초안에 서명까지 한 위원장이, 그 회의를 잘 이끌었으면 좋았을 것이다.

Q. 지금 상황은 어떤가?

상인들이 단결하지 못하고 30명, 40명씩 분절된 채로, 수협측의 단전 단수 등 조치에 밀려 신시장에 입점하니 조직이 와해됐다. 완공 후 4년차인 지금도 신시장에 문제가 많다. 환기가 안 되고 습기가 많아 곰팡이가 피고 가게 면적도 좁다. 구시장은 겨울에 춥고 여름에 덥지만 널찍하고 환기도 잘 됐다. 그러나 조직을 추스르고 투쟁과 협상을 계속하고 있으며, 새로운 합의를 앞두고 있다. 북측 노들길 쪽 공간 300평을 추가로 상인들에게 배정하게 될 것 같다. 수협과 함께 상인들이 참여하는 '시장발전위원회'도 곧 출범할 것이다.

Q. 상인들을 잘 설득했다면 무엇이 달라졌을까?

수협이나 상인회 모두에게 좋았을 것이다. 양측은 3년 넘게 싸웠고 부상자를 양산(量産)했으며 힘겨운 시간을 보냈다. 건설회사에 매년 100억 원 이상의 지체배상금을 물게 된 수협은 상인회 간부들 중 협상에 극렬하게 반대한 사람들을 고소했고, 그들은 불법 점거 농성 등에 대한 배상을 해야 하게 됐다.

**Q. 상인들 중 '보상' 문제를 이슈로 삼은 사람들이
있었는데, 이를 조정회의에서 다루지 못한 것이
잘못된 것은 아니었을까?**

우리는 시장 안에서 '장사'를 하는 일에 집중했다. 일부
세력이 "버티면 4억~5억의 보상금을 받아낼 수 있다"
는 루머를 퍼뜨리긴 했지만, 이것은 허황된 주장일 뿐
이다. 신시장으로의 이주가 보상인데 무슨 다른 보상
이 있어야 한다는 말인가? 그런 보상안에 합의한다는
것은 수협 직원으로서는 '배임(背任)'에 해당한다.

서효재 수협 팀장
인터뷰(2019년 8월)

Q. 당시 어떻게 해서 협상에 나서게 됐나?

상인들과의 협상에 나서는 것은 두려운 일이었다. 격
앙된 상인들이 상시로 폭력을 휘두르니 직원들이 다치
는 일이 빈발했다. 수협측도 분노하고 있었다. 수협 임
직원 대부분이 "저들하고 더는 대화할 가치가 없다. 법
대로 해라, 법대로"라고 말했다. 그때 조정가가 왔다.
임원회의에서는 "지금 상황에서 대화가 되겠나"라며
거부했지만, 나는 주무팀장으로서 공규범 대표이사에
게 조정회의에 나설 것을 건의했다. "다른 대안이 없습
니다. 대화를 시도하면 저들이 응할 수도 있습니다. 비

공개로 하겠습니다." 공대표는 구시장 폐쇄 조치와 병
행해서 추진하라고 했다. 부장과 동료들은 "왜 니가 총
대를 메느냐. 그냥 니 자리에서 공식적으로 주어진 일
이나 하라"라고 했다. 하지만 직원들이 공포에 떨고 한
없이 침울해지는 상황에서 해결의 실마리라고 생각되
는 일에 나서지 않을 수 없었다.

Q. 그 전에 협상 시도는 없었나?

물론 있었다. 그러나 서로 '기싸움'만 하는, 가망 없는
대화였다. 수협에서는 "일단 신시장으로 들어와라. 들
어올 거면 얘기하고 아니면 말라"라고 했고 상인들은
"들어가면 뭐해줄 건데?"라고만 했다. 임대료가 비싸
다느니 점포 자리가 좁다느니 하는 얘기는 언론에다
만 얘기하지 우리들에게는 그런 구체적인 얘기 자체를
하지 않았다. 상인들 중에는 임대료 적게 내면서 신시
장으로 가고 싶은 사람, 신시장은 너무 좁아서 못 가겠
다는 사람, 나이가 많아서 이제 보상 받고 떠나고 싶은
사람 등등 여러 부류가 있었다. 그럼 그런 요구를 취합
해야 할 텐데, 그런 움직임도 없었다. 그런데 조정가가
와서 이야기판을 깔고, 협상의 원칙을 정하고, 6차에

걸쳐 조정하기로 했으며, 우리들은 원하는 사항들을
모두 테이블 위에 올려놓고 이야기하기 시작했다.

Q. 합의서 초안에 합의했을 때 수협의 반응은 어땠나?

공규범 대표이사는 "잘 했다. 협상 타결하고 빨리 시장
활성화해서 돈 벌어야지. 사회적 이미지도 좋아져야
하고. 우리가 갈등 해결의 모범 사례를 만들 수 있다"
라며 좋아했다. 당시에 수협은행을 수협으로부터 분리
하는 문제를 청와대가 협조해줘서 잘 타결됐었다. 그
런 판국에 우리가 괜히 사회적으로 불미한 이슈를 만
들 필요가 없었다. 일부 임원은 "우리가 너무 많이 준
것 아니냐"라고 의문을 제기했지만 준공 4년차 되는
아직까지 싸우면서 구시장 건물을 해체하지 못하고 시
간을 끌면서 매년 100억 원 이상 손실을 보는 상황에
비하면 차라리 더 이른 시간에 더 많이 주는 것이 좋
았다.

Q. 그럴 기회가 있었나?

초기에 상인들이 버스 3대를 동원해서 몰려왔을 때, 그
들은 뭘 요구하지도 않았다. 다만, 신시장이 들어서는
상황 변화 과정에서 뭔가를 얻고 싶어서 온 것이었다.
그때 내가 "수족관 하나씩 지어주자"라고 했다. 새 건
물에 녹슨 수족관 다 그냥 가지고 들어가면 흉해보이
고 소비자들에게 좋은 인상을 주지 못할 것 같았다. 수
족관이 간단해 보이지만, 그거 하나 깨지면 돈 천만 원
씩 들어간다. 그런데 윗선에서 "안 해줘도 된다"라는
말이 내려왔다. 상인들과 부딪혀본 경험이 없었기 때
문이었을 것이다. 만약 그때 상인들의 말에 귀 기울였
다면 지금 같은 참사는 없었을 것이다. 아니, 그랬다면
조정의 고마움도 몰랐을 것이다. 지금은 타협이 얼마
나 귀중한지를 안다.

Q. 조정이 왜 실패했을까?

외부세력과 극렬 반대자들이 큰 방해요인이었다. 은
평뉴타운 재개발사업 때, 고공 타워 위에 올라가 농성
해 2억, 3억씩 받은 사람들이 상인들을 선동했다. 그런

상황에서 너무 급하게 일을 추진하려 한 것도 잘못이었다. 합의안 초안이 나오고 거기에 서명했을 때 나는 너무 기뻤다. 그래서 빨리 일을 마무리하고 싶은 마음에 "6월말까지 타결하자. 일주일 내에 상인들을 설득시켜달라"라고 상인회 대표들에게 말했다. 그게 오판이었다. 그때 "충분한 시간을 갖고 전략을 잘 짜서 진행하라"라고 말해주어야 했다.

Q. '실패한 조정'의 의미는 무엇인가?

상인회의 비준을 받지 못했지만 조정 자체는 실패한 것이 아니다. 신시장으로 들어온 상인들과 협상하는 과정에서, 조정 회의에서 논의하고 합의안을 만든 내용이 '가이드라인'이 됐으며 지금 협상이 그 내용 대로 진행되고 있다.

조정은 교육 효과도 있었다. 나는 조정회의에 참석하면서 조정 기술을 배웠다. 그런데 수협중앙위원회 경제기획부장이 자회사 사장이 되어 떠났고 내가 직무대행이 되었을 때, 인천 수산시장 공판장을 이전하는 문제가 생겼다. 중앙위 경제기획부장 자리는 자회사들을 관리하는 자리여서, 이 문제를 내가 해결해야 하게 됐다. 격렬하게 '궐기대회'하면서 저항하는 사람들에게 가서 "원하는 게 뭐냐. 그걸 다 적어와라"라고 말했고, 요구 사항을 다 들어줌으로써 해결했다. 다른 팀장들이 "너 이런 거 어디서 배웠어?"라고 묻더라. 한 임원은 "빨리 가서 공증 받아라"라고 했다.

Q. 어떻게 그렇게 쉽게 해결됐나?

그 사람들이 협상장에 들어왔을 때, "진작 지금처럼 하지, 그 동안 당신들이 우리를 무시했었다"라고 했다. 상대를 인정하고 말을 들어주니 상대도 나를 인정해주었고 그래서 일이 해결됐다. '칼부림 사건' 이후 열린 조정회의에서 노량진 수산시장 상인 대표들도 "진작에 진지하게 우리 말을 들었으면 여기까지 안 왔을 것"이라고 말한 바 있다.

Q. 합의안이 파기되고 협상이 결렬된 이후의 사태는 어떻게 진전됐나?

법으로 했다. 명도 소송에서 수협이 이겼고, 구시장을

점유하고 있던 상점에 대해 가압류에 들어갔다. 상인들은 국회, 청와대, 해양수산부에 가서 공청회 하고 기자회견을 했다. 서울시에도 수시로 갔다. 서울시장님도 '표'가 필요하지 않나? 시에서도 이 일을 해결하고 싶어서 담당 주무과에서 조정을 시도했지만 다 실패했다. 합의안에 서명하고서도 틀어진 사안을 그들이 어떻게 할 수는 없었다. 그들은 다만 "무슨 일인가"라고 묻고, 사연을 듣고 나서는 "해결 안 되겠네"라고 했다. 조형일 조정가처럼 밀착해서 해결해보려는 노력은 없었다.

Q. 상인들의 요구 중에는 '보상'이 있었다. 이것은 당시에 실재하는 요구였기 때문에 의제로 올리는 게 맞지 않았을까?

수협은 보상한다는 방침을 총회에서 비준 받을 수 없다. 그러나 실질적인 보상은 해줬다. 원래 수협 점포 자리는 시(市)의 것이고 수협의 것이 아니어서 매매의 대상이 아니다. 직계 존비속이 아니면 영업할 수 있는 권리를 승계 받을 수 없게 돼 있다. 그러나 당시에는 예외를 인정해서, 점포당 5,000만 원씩 보상을 받고 나갈 수 있도록 한시적으로 조치했다.

Q. 그런데 왜 그렇게 오랫동안 갈등 상황이 계속됐나?

대법원으로부터 승소 판결을 받고 7차에 걸친 명도 집행을 시도했다. 명도 집행관이 용역 200명을 데리고 와서 딱지를 붙인다. 그러면 상인들이 와서 드러누워 버린다. 인사 사고 나면 2009년 용산 철거민 점거농성 진압 때처럼 경찰이 책임을 져야 하니까 경찰도 함부로 못한다. 결국 협상이 제일 싸고 빠르다. 이번에 그런 교훈을 얻었다.

Q. 그러면서 수협의 손실도 눈덩이처럼 불어났다.
그럴 바에야 차라리 '보상'을 해 주는 게 낫지 않았나?

경제적인 계산만 따지면 그렇다. 지금 지하철역에서 철로 밑을 파서 노량진 수산시장으로 연결하는 공사가 진행 중인데, 상인들이 지상으로 올라오지 못하게 하니까 중단됐다. 공사가 지연되면서 건설사에 지불하는 배상금이, 신시장 완공 후 만 3년이 더 지났으니, 300억 원을 넘는다. 그러니, 예컨대 100억을 들여서 문제를 해결할 수 있었다면 경제적인 면에서 그 편이 나았다. 그러나 수협은 개인 기업이 아니라 어민들이 만든 공공기관의 성격을 갖는다. 당시에, "보상금으로 100억 주겠다"라는 방안으로 수협의 주인인 어민들을 설득할 수 있었겠나? 지금도 마찬가지다. 만약 보상을 원하는 사람들의 요구를 들어준다면 신시장에 입주한 상인들과의 형평성 문제도 생긴다.

Q. 어떻게 해서 수협 직원이 됐나?

저는 전북 부안의 어촌에서 살았다. 젊어서 '투자신탁회사' 시험을 봤는데, 어부인 아버지가 "내 아들이 수협에 갔으면 좋겠다"라고 말했다. 그 희망대로 수협에 입사했을 때, 아버지가 이웃 분들에게 커피를 돌렸다.

수협은 내게 고마운 조직이고 나는 수협에 애정이 많다. 나는 아주 어렸을 때부터 형 따라서 노량진 수산시장에 고기 팔러 자주 왔다. 고등학교 때, 올림픽대로를 따라 이어지는 불빛을 보면서 "내가 살 곳은 서울이야"라고 생각했다. 운 좋게도 2002년, 수협의 노량진 수산시장 인수팀으로 갔다. 정부재투자회사 '한국냉장' 소유의 노량진 수산시장을 IMF 사태 이후 김대중 정부가 민영화할 때였다.

플랜트 노조,
서로를 인정하는 것, 이것이 전략적 목표다

'플랜트'란 보통 생산설비 혹은 제조 설비 일체를 말한다. 한국에서 플랜트 산업은 1960년대부터 포항, 울산, 여수 등으로 중심지가 이동해 오다가 2010년대부터 충남 대산 지역도 주요 지역으로 떠올랐다. 플랜트 건설 산업은 노동자들이 전국 주요 단지를 이동하며 일하는 특징이 있다.

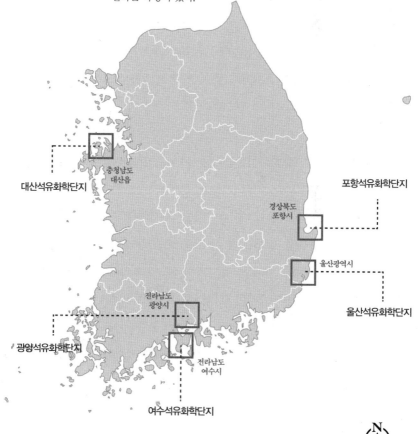

* * *

‘플랜트 노조’ 건은, 2차에 걸친 조정으로 플랜트 건설노조 내의 극심한 불신과 갈등, 그로 인한 폭력 사태 등 조직의 분열을 극복하고 신뢰를 회복하여 조직을 재건한 조정의 예다. 플랜트란 생산 설비나 제조 설비 일체, 혹은 대형 공장을 말한다. 대한민국의 플랜트 산업은 2000년대 초반, 울산과 포항의 철강 조선 시설에서 시작됐다. 2010년쯤에는 여수의 화학 시설이 중심이었고, 2015년쯤에는 충남 대산으로 그 중심이 이동했다.

그런데 전국 플랜트 건설노동조합 본 조합(이하 ‘본조’)과 충남지부는 2018년 2월부터 1년여 동안 서로에게 칼을 겨누고 휘두르며 투쟁했다. 충남지부의 전(前)집행부 회계부정 폭로 및 징계 움직임, 본조의 충남지부 해산, 충남지부 측의 본조 위원장 지위 무효 확인 가처분 소송, 독립적인 ‘충남지역 플랜트 건설노조’ 설립 등으로 대립이 격화되면서 양자는 상호 폭력 사태 및 고소 고발을 이어갔다. 이 갈등은 급기야 플랜트 노조의 상급단체인 민주노총으로까지 번져서, 민주노총 본부와 세종충남지역본부 간 갈등으로 비화됐고, 플랜트 노조 충남지부 조합원

2,000여 명이 민주노총 앞에 와서 이 문제를 해결해달라고 상경 시위를 벌이는 사태까지 빚어졌다. 플랜트 노조 내 갈등에는 민중당과 좌파연합 간 정치적 파벌 다툼도 배경에 깔려 있었기 때문에, 노동계에서는 "이건 도저히 해결할 수 없는 심각하고도 골치 아픈 갈등"이라는 인식이 팽배했다.

조형일 조정가는 황재기 플랜트 노조위원장과 윤시후 충남지부장을 만나서 두 당사자 간 조정을 권유했고, 양측이 이를 받아들임에 따라 조정에 착수했으며, 2주 만에 양 당사자 간 합의를 이끌어냈다. "충남지부는 충남지역 플랜트 건설노조를 해산하고 전국 플랜트 건설노동조합 충남지부로 복귀하며, 본조는 충남지부 해산을 철회한다"라는 내용이었다. 그러나 이는 플랜트 노조 운영위원회의 추인을 받지 못했고, 조정은 무효가 됐다. 양측은 "향후에, 이 조정 과정에서 있었던 일을 누구도 발설하지 않도록 한다"라는 '매몰 처리'에 동의했으며 이 약속은 지켜졌다.

충남지부측의 본조위원장 지위 무효 확인 가처분 소송에서 패한 황재기 위원장은 위원장 지위를 박탈당했지만 "플랜트 노조 내분 사태에 대한 책임을 끝까지 지라"라는 조합원들의 요구를 받은 끝에 '결자해지'를 외치며 재선에 성공했다. 이에 따라 플랜트 노조 사태의 '2차 조정'이 이어질 수 있었다.

이후 조정가는 민주노총 조정팀이 주관하는 새로운 조정회의를 양 조직에 건의함으로써 개인이 아니라 '조직' 차원에서의 조정에 착수했다. 총 15회의 개별 회의와 7차에 걸친 조정회의를 거쳐 양측은 갈등 봉합과 조직 재건에 합의했다. 2019년 6월 28일, 플랜트 노조 본조는 충남지부 해산을 철회하고 충남지부는 지역노조를 해산하여 플랜트노조 산하 조직으로 복귀하며, 본조는 충남지부의 자율성을 보장할 것 등을 서로 약속했다. 2018년 2월 24일 첫 폭력사태가 발생한 지 1년 4개월만이고 같은 해 5월 30일 본조 위원장과 충남지부장에게 '조정을 통한 갈등 해결'을 제안한 지 1년여 만이었다.

기적적인 합의안 도출과 인준 실패

2018년 6월 4일과 8일에는 본조와 충남지부 간 조정회의가, 11일과 14일에는 충남지부와 전집행부 사이의 조정회의가 열렸다. 그리하여 상호 간에 복잡하게 얽힌 고소 고발을 모두 취하하고, 충남지부의 교섭권을 회복시키며 서로 간에 사과한다는 내용의 가합의안이 작성됐다. 보름이라는 짧은 기간 내에 당사자들이 상대방에 대한 분노를 털어내고 복잡하게 얽힌 조직 내 문제를 해결하기로 방향을 잡은 것이다. 서로를 '악마'로 생각해온 플랜트 노조 조합원들로서는, 이런 합의는 기적적인 일이었다.

합의안 핵심 내용은 플랜트 건설노동조합 본조와 충남지부가 상호 존재를 인정하며 조직을 재건한다는 것이었다. 본조가 충남지부를 해산한 것은 산별노조 질서 확립을 위한 불가피한 결정이었음을 충남지부가 인정하며, 본조도 지부해산 결정으로 충남지부 조합원에게 상처를 주었음을 인정하여 이에 대해 유감을 표한다는 내용이었다.

그러나 이 합의안은 6월18일, 플랜트 노조 중앙집행위에서 부결됐다. 황재기 위원장은 허탈했다. 조직의 분열을 막겠다는 일념으로 혼신을 다해 합의안을 만들었는데, 그래서 "훌륭한 조정을 했다"라며 박수 받을 것이라고 생각했는데 위원들의 반응은 달랐다. 그들은 "엊그제까지만 해도 저들을 제압해야 한다고 목청을 높이던 분이 갑자기 웬 조정이냐?"라며 의문을 제기했다. "대화하고 있었다는 말을 왜 우리에게는 한마디도 하지 않았나?" "'직권조인'하는 거냐?"라는 힐난도 있었다. '직권조인'이란, 위원회의 의사를 무시하고 위원장이 독단으로 조인하는 것으로, 이는 위원장의 '직권 남용'에 해당한다.

운영위원들의 반발이 이해되지 않는 바는 아니었다. 윤시후 충남지부장과 조정을 진행하면서 조직에 아무런 통보조차 없었던 '절차'에 대해 그들이 반감을 갖는 것은 당연한 일이었다. 본조에서는 조직의 질서를 흔드는 충남지부를 해산할 수밖에 없다고 판단했고 그래서 지부 해산을 단행했는데, 이를 뒤집는 합의 결과가 마음에 들지 않는 것도 당연했다. 위원들은 "저쪽으로부터 '항복'을 받아와야지, 왜 합의안이 이 모양이냐?"라며 따졌다.

무엇보다 위원들의 정서와 이위원장의 정서 간에 괴리가 컸다. 본조와 지부 간에 갈등이 장기화되면서, 양자는 서로를 '악마'로 생각하고 있었다. 그러나 황재기 위원장과 윤시후 지부장은 짧은 기간이기는 하지만 조정 과정을 거치면서 서로 간에 최소한의 이해와 공감을 하게 됐다. 조정에 참여하지 않았던 위원들에게는 그런 과정이 없었으므로 윤시후 충남지부장에 대한 악감정이 고스란히 남아 있었던 것이다.

황재기 위원장은 1차 조정을 하면서 스스로 감정이 과잉돼 있다는 것을 깨닫게 되었다. 본조에서는 윤시후 지부장의 충남 지부를 용인할 수 없다는 정서가 깊이 뿌리박혀 있었다. 그들은 "윤시후 지부장은 처음부터 조직을 흔들고 자기 마음대로 충남지부를 운영하려 했다. 결국 충남지부가 플랜트 노조로부터 떨어져 나가 독자 노조를 설립하지 않았는가"라고 비난했다. 황재기 위원장도 같은 생각이었다. 그러나 상대방과 마주 앉아 얘기하다 보니 역지사지가 됐다. "아, 저 친구가 거짓말을 하는 건 아니구나. 다만 같은 사태를 다른 시선에서 보고 있구나"라는 생각이 든 것이다. 갈등이 심각했을 당시에 섭섭했던 상황에 대해서 "너 그때 왜 안왔어?"라고 질문하면 윤지부장은 나름대로 사정이 있었던 것이었음을 토로했다. 둘 사이에는 "그 당시에 당신이 그런 생각을 하고 있는 줄 몰랐다. 그걸 알았으면 우리가 지금 여기까지 오지 않았을 텐데"라는 식의 대화가 오갔었다. 개별 회의 때 조정가가 "알고 보니까 윤시후 지부장이 황 위원장을 한편으로 존경하고 있더라", "황 위원장이 처음부터 윤시후 지부장을 나쁘게 본 것은 아니더라"라며 두 사람의 속마음을 서로에게 전해준 것도 촉진제가 됐다.

그러나 본조 운영위원회에서의 인준 부결로 1차조정안은 백지화됐다.

플랜트 노조 충남지부에서의 갈등

윤시후 지부장과 황재기 위원장의 갈등, 충남지부와 본조 간의 갈등은 충남지부 내 갈등이 번진 것이었다. 2017년 말 체결된 사용자 오일뱅크와의 임금협상안 인준안이 플랜트노조 충남지부 총회에서 부결됐다. 관례에 따라 윤시후 지부장을 비롯한 충남지부 간부들은 사퇴했다. 그러나 윤지부장은 다음 날 "전 집행부의 사조직인 '철노회(철의노동자회)'의 음모로 조합원의 총의가 왜곡됐다"라며 이를 번복했다.

윤시후 지부장은 지부 내 반대파가 오일뱅크와의 임금협

상 잠정협의안 부결운동을 펼치는 것을 보고 "부결운동도 민주운동의 일부다"라며 현장에서 반대파에게 마이크를 건네주는 등의 '쿨'한 대응을 했었다. 그러나 "저들을 원천봉쇄해야 한다"라는 내용의 철노회 텔레그램방 대화 내용을 한 조합원의 제보로 보게 되었고, "임금협상안이 부결된 것은 철노회 소속 분회장들의 음모와 선동 때문이었다"라는 심증을 굳혔다. 그는 "이런 식의 분파주의적 음모에 어떤 지부장이 견뎌낼 수 있겠는가"라며 의심했고, "여기서 그냥 물러나면 안 되겠다"라고 생각하여, 텔레그램방 대화 내용을 조합원들에게 폭로했다. 조합원들은 "조합원들을 대변해야 할 분회장들이 자기네들의 사적 이익, 혹은 당파적 이익을 위해 움직인다"라며 분개했다. 윤시후의 충남지부는 반대파와 조직 내 투쟁을 이어가면서 사용자와의 임금협상을 다시 벌여, 좀 더 유리한 조건으로 매듭지었으며, 지부장의 지위는 공고해졌다. 그러면서 충남지부 전-현 집행부 간에 갈등은 심화됐다. 양자는 성명문, 선전문 등을 발표하고 텔레그램, 블로그 등을 동원하면서 대립했다.

갈등은 2018년 2월 24일 폭발했다. 매월 열리는 정기 모임에서 현 집행부와 전 집행부 간 폭력 사태가 벌어진 것이다. 현 집행부가 전 집행부 임기 때 작성된 회계장부를 입수해서 전 집행부에게 '3억 원 횡령' 혐의가 있다며 징계 조치를 취하려 했는데 이에 전 집행부가 반발하면서 단상에서 몸싸움이 벌어졌고 폭력 사태로 비화했으며, 고소 고발 사태로 발전했다.

충남지부는 전 집행부 10여 명을 경찰에 고소 고발했고 전 집행부가 중심이 돼 충남지부 해산 결정 직후 결성된 '서부지부'는 충남지부 조합원 10여 명을 고소 고발했다.

이 사태는 본조와 충남지부의 갈등으로 확대됐다. 2018년 5월 11일, 플랜트 노조 본조 운영위는 본조의 지침을 이행하지 않는다는 이유로 충남지부의 지부장, 부지부장, 사무국장 제명을 결정했다. 충남지부는 상급단체인 민주노총에 이 조치가 유효한지를 질의했고, 민주노총 법률원은 조합원 총의에 의해 선출된 지부장을 본조 운영위원회가 제명한 것은 부당하다고 해석함으로써 5월 24일 제명이 철회됐다. 그러나 '임명직'인 부지부장과 사무국장에 대한 제명은 유지되었고 양측 간 감정의 골은 더 깊어졌다.

플랜트 노조의 정치적 배경과 윤시후 지부장

팔다리를 잘린 상황에 처한 윤시후 지부장은 이 상황에 대해 "갈등의 근원은 본조에 있다"라고 믿게 됐다. 애초에 현장에서 조직 건설에 업적이 큰 자신에 대해 지부장 출마자격시비를 한 것부터가 '민중당'을 중심으로 한 분파주의 세력의 음모 때문이었으며 그 중심에는 민중당 당원인 황재기 본조 위원장이 있다고 인식한 것이다.

조합원 조직 등에서 충남지역 플랜트노조 결성에 공이 많았던 윤시후 조합원은 2017년 충남지부 지부장에 당선됐다. 그는 "노조 활동에 70% 이상 참여하지 않았으므로 출마 자격이 없다"는 이유로 제지를 받았으나, 투쟁 끝에 자격을 얻어 출마했다. 그러나 '민중당' 소속의 전임 분회장들이 하부 구조를 장악하고 있었기 때문에 충남지부의 내부 상황은 '적과의 동거'가 이루어지고 있는 형국이었다. 윤시후 지부장이 임단협 잠정협의안을 조합원 총회에서 인준 받지 못함으로써 '총사퇴'를 결의했을 때도 분회장들은 "왜 우리까지 물러나야 하느냐"라며 반발했고 윤지부장은 "총사퇴를 결의해놓고 이걸 깨겠다는 것이냐"라며 밀어붙였었다.

　　사퇴를 번복한 윤시후 지부장은 오일뱅크와의 임금협상을 성공적으로 끝내며 입지를 다졌다. 조합원 2,000명은 서울에서 농성 끝에 임단협 재협상에 성공했으며, 그것이 조합원총회에서 통과됐다. "한번만 더 기회를 달라"라고 한 윤지부장의 요청을 황재기 위원장이 인허한 것이 계기가 됐다.

　　윤지부장은 이후 징계위원회를 열어 몇몇 분회장들을 반조직행위 혐의로 제명했다. 역대로 현역 분회장을 이런 식으로 제명한 일이 없었기 때문에 분회장들은 항소했고 본조로 이 건이 올라갔다. 본조에서는 "충남지부의 분회장 제명은 잘못됐다"고 판결했다. 이 판결 이후 충남지부의 공격 화살은 황재기 위원장을 직접 겨눴다. "본조 위원장이 민중당(당시 민중연합당)을 두둔하고, 돈을 빼돌리는 일을 무마하고 눈감아주려한다"라는 식이었다. 충남지부의 윤시후 반대파 분회장과 황재기 위원장은 모두 민중당 소속이었다. 윤시후 지부장은 소속정당이 없으나 '좌파연합'으로 분류됐다.

윤시후 지부장은 플랜트 노조 총회장에서 민중당 소속 조합원들이 민중당 입당 원서를 받는 것을 못마땅하게 생각했다. 매달 열리는 플랜트 노조대회에는 노조원 수천 명이 참여하고, 조합은 "조합원 몇 명이 모임에 참가했다"라는 공식 기록을 남기기 위해서 대회 참가 조합원들의 서명을 받는다. 또 플랜트 노조와 관련한 여러 활동의 후원이나 지원을 위해서도 연서명을 권유한다. 그렇게 정신없는 틈에 민중당 당원들이 '입당원서'까지 거기에 슬쩍 집어넣어 입당하게 하는 것이 옳지 못한 행태로 비친 것이다. 윤시후 지부장 눈에는 전임 집행부의 회계도 투명하지 못한 것으로 비쳤다. 그래서 그는 지부장 선거 공약 중 하나로 '투명한 회계'를 약속했다. 그런데 실제 지부장이 돼, 외부 기관에 의뢰해 과거의 회계 관행을 보니 문제가 많았다. 그래서 이를 바로잡으려 했더니 전임 집행부와 한통속의 조합원들이 반발한 것으로 상황을 파악했다. 그래서 생긴 폭력 사태에 대해 "현 집행부에 대한 반대파들이 단상을 점거하고 폭력사태를 일으킨 것은 잘못"이라고 해야 할 텐데 본조에서는, 특히 평소에 존경했던 황재기 위원장이, "폭력은 잘못됐으나 노조 운영의 미숙함이 원인이 됐다"라는 식의 태도를 보이는 것을 보고 "황재기 위원장도 한통속"이라고 단정하게 됐다.

충남지부는 황재기 위원장의 약점을 연구한 끝에 '본조위원장지위 무효 확인 가처분 소송'을 제기했다. 2017년 말 3인이 출마한 위원장 선거에서 '출석 대의원 과반수 득표' 규정을 충족시키지 못한 채 당선됐기 때문에 무효라는 것이었다. 당시 황재기 위원장은 최다 득표를 했지만 과반수 득표에는 실패한 상황에서 당선된 것으로 처리됐었다.

본조도 이에 정면대응했다. 2018년 7월2일, 플랜트노조 운영위는 충남지부 해산을 결정했다. 7월7일에는 충남지부 본조위원장 지위 무효 확인 가처분 소송의 판결이 내려졌고, 황재기 위원장은 직을 잃게 됐다.

갈등은 여기서 그치지 않았다. '해산' 결정을 당한 충남지부는 '충남지역플랜트건설노동조합'이라는 이름의 독자 노조를 설립했다. 플랜트노조는 원래 민주노총 건설연맹에 소속돼 있지만 충남지역 노조는 산별노조가 아닌 민주노총 세종충남지역본부에 직가입을 요청해 승인을 받았다. 이렇게 해서 플랜트 노조 충남지부의 갈등이 상급단체인 민주노총에까지 그 불똥을 튀겼다. 산별노조에서 가입이 불허된 노동조합을 지역 노총이 받는 것은 관례에 어긋나는 것이었으므로, 민주노총은 세종충남지역본부에 이에 대한 취소 명령을 내렸다. 그러나 지역본부는 이를 즉각 이행하지 않고 미적거렸다.

플랜트 노조 갈등은 이렇게 지역 갈등의 색깔까지 띠게 됐다. 플랜트 노조 충남지부 조합원 2,000여명은 민주노총 앞에 와서 이 문제를 해결해 달라고 상경 시위를 벌이기도 했다.

지연(地緣)과 정파(政派)의 문제

대한민국의 플랜트산업은 2000년대 초반, 울산 포항의 철강 조선 시설에서 시작됐다. 2010년쯤에는 여수의 화학 시설이, 2015년쯤에 충남 대산의 석유화학단지 시설이 중심이 됐다. 이곳은 현대오일뱅크, 한화토탈, 롯데케미칼, 엘지화학, KCC 등 석유화학 관련 업종의 50여개 기업이 입주하여 조성된 약 640만㎡의 공장 지역이다

전기·배관·비계·보온·용접 등 9종의 영역에 필요한 플랜트 건설 기술자들은 몇 년 전까지 여수에서 일했고, 대산 지역 플랜트 건설이 활발해지자 이리로 이동해왔다. 충남 지역 노동자들은 주로 '시다'['보조'에 해당하는 일본말로, 아래를 뜻하는 '하(下)'의 일본식 발음이다] 역할을 한다.

플랜트 노조에는 건설기계 노조, 건설(일용직) 노조, 덤프트럭 노조, 타워크레인 노조, 플랜트 노조 등이 있는데, 현대 삼환 대우 등 대형 건설회사에 속한 건설기계노조원은 노동 현장에서 '소장' 역할을 하는 갑(甲)의 위치에 있고 타워크레인,

건설일용직 노조원은 을(乙)의 위치에 있다고 하겠다.

소장은 주로 여수에 집이 있어서, 주말이면 호남 지방으로 돌아가며 플랜트 건설로 인한 이익도 그리로 많이 유출된다.

이런 불평등 구조에서 충남 지역에는 '106'(주민번호 뒷자리 첫 세자리)으로 상징되는 지역 정서가 있다. "왜 우리는 맨날 시다 노릇만 하나", "이제는 플랜트 노조를 우리가 주도해야 할 것"이라는 무의식적 공감대가 있는 것이다. 이 공감대에 올라타 있는 것이 충남지부다. 민주노총 세종충남지부가 상부의 지침에 어긋난 '충남지역 플랜트 노조'의 가입을 받아들인 것도 이런 측면이 있다. 반면 전 집행부는 울산·포항·여수를 아우르는 정서를 갖고 있으며, 따라서 플랜트 노조 본조와 유대가 깊다.

정파적으로, 충남지부는 '원리주의자'로서의 '좌파연합'에 속한다. 서부지부는 민중당이 중심이 되며 '대중'파다.

지금까지는 민주노총 내에 '조직관리'가 없었다. 그런데 플랜트노조 내 건설기계 노조(갑)와 건설일용직 노조(을), 타워크레인 노조(을)처럼 '갑을관계이면서 동시에 동지'인 묘한 상황에서 오는 갈등을 관리하지 않으면 그것이 표면화해서 파국으로 가는 상황이 오게 될 것이다. 바야흐로 갈등 조정이 필요한 시기였다.

황재기 위원장의 재등장

1차 조정에 대한 인준 받기에 실패하고 위원장직무정지가처분 신청이 법원에서 받아들여지면서 위원장직을 상실한 황재기 조합원은 고향 울산으로 내려가 평소에 못했던 등산을 아내와 함께하며 맘 편히 지냈다.

그런데 10월의 위원장 후보 등록 기간에 후보로 등록하는 사람이 없었다. 충남지부와의 갈등이 첨예한 상황에서 그 문제를 해결하겠다며 짐을 지겠다고 나서는 사람이 없었던 것이다. 또 전국적으로 흩어져 있는 플랜트 노조의 구조 상 '재적 과반수' 득표하는 일이 거의 불가능한 것으로 보였던 것도 '후보 미등록'의 원인이었다.

황재기 전위원장은 "플랜트노조 위원장 선거에 지원자가 없어서 플랜트 노조가 위기에 처했으니 당신이 결자해지하라" 라는 요구를 들었다. 윤시후 지부장과의 조정에 합의했을 때 그렇게 비난을 퍼부으며 인준을 해주지 않았던 운영위원들이 "상황이 돌아가는 꼴을 보니 당신이 아니면 안 되겠다"라며 출마를 권유한 것이다. 그래서 그는 위원장 선거에 단독 출마했고, 대의원들은 그를 과반수 찬성으로 선출했다.

2차 조정 시작

조정가는 황재기 위원장을 찾아가 조정회의 재개를 요청했다. 황 위원장은 "충남지부가 동의한다면"이라는 조건으로 승낙했다. 조정가는 충남지역 플랜트 건설노조 위원장 윤시후에게도 조정회의 재개를 요청했다. 윤위원장도 "본조가 동의한다면"이라는 전제를 달고 승낙했다. 이리하여 2차 조정이 시작됐다.

1차 조정이 형식적 요건을 생략한 채 '임의 조정' 형식으로 진행된 결과 본조 운영위의 인준을 받지 못했기 때문에, 2차 조정은 민주노총에서 구성된 조정팀이 주관하는 형식을 취하기로 했다. 2019년 1월 민주노총 백석근 사무총장, 홍순관 건설연맹 위원장 직무대행, 이세훈 교육국장, 조형일 조정가로 조정팀이 꾸려졌다. 2차 조정은 처음부터 본조와 충남지부 조직 내 동의를 얻은 상황에서 시작됐고, 조직에 중간보고를 하면서 진행됐다.

'투 트랙'으로 진행된 1차 조정과 달리 2차 조정은 본조와 충남지부의 조정으로 단일화하기로 했다. 당사자로서는 본조에서 황재기 위원장, 성태영 수석부위원장이, 충남지부에서는 윤시후 지부장, 이준서 정책국장이 참여했다. 지역에서 충남지부와 대립하고 있는 서부지부의 의견은 조정에 참가하는 본조의 요원들이 수렴해서 반영키로 했다.

2차 조정은 6회의 조정회의로 끝낼 계획이었다. 충남 지역 플랜트 건설노조와 전국 플랜트 건설노조 서부지부는 5월 임금교섭을 앞두고 사용자와의 교섭권 확보를 위해 계속 갈등하고 있었으며, 이는 한국노총과의 경쟁에 악영향을 미치고 있었기 때문에 조정을 임금교섭 이전에 마칠 필요성이 있었다. 결국 15회의 개별 회의와 7회의 정규 회의를 거쳐서 양측의 합의가 이루어졌다.

조정가의 갈등 분석

급박하게 진행된 1차 조정과는 달리, 2차 조정에서는 '갈등 분석' 과정을 거쳤다. 윤시후 충남지부장과 황재기 본조위원장, 박승수 서부지부 지부장의 사건을 보는 시각은 달랐다. 2.24폭력사건에 대해서 서부지부는 윤시후 지부장의 '전 집행부 고사 작전'이 그 원인이었다고 봤다. 반면 충남지부는 '전 집행부의 회계비리를 은폐하기 위한 음모' 때문인 것으로 생각했다. 충남지부 해산에 대해서 본조는 "본조를 음해하는 반조직행위에 따른 불가피한 조치"로, 충남지부는 "전례가 없는 폭거"로 보았다. 충남지부는 "횡령을 범한 자, 2.24폭력 가담자를 징계하라", "지부해산 철회하고 서부지부 인준 취소하라", "교섭권 회수 철회하라", "충남지부의 자율적 운영 보장하라"

등의 주장을 내세웠다. 반면 본조는 "충남지역 노조 집행부는 사퇴하라", "현장취업 방해 및 폭력 행사 중지하라", "민주노총 산별노조 및 서부지부에 대한 악선전 중단하라" 등의 구호를 외치고 있었다.

서로를 인정하라

조정이나 협상에서 전략적 목표는 '서로를 인정'하는 것이다. 이 조정회의에서 관건은 양측의 자존심을 동시에 살려주는 합의 문구를 어떻게 만드느냐는 것이었다. 그래서 조정합의안 전문(前文)에는 본조와 충남지부가 서로 동지였음을 확인하고 단결한다는 내용이 들어갔다. 세부 항목에서는 충남지역 플랜트 건설노조의 해산, 서부지부의 인준 취소, 본조의 충남지부 해산 철회를 명령했다. 조정합의안은 "이런 명령을 하면서 조합원 상호 간에 정서를 어떻게 해치지 않을 수 있을까" 하는 고민의 산물이었다.

합의안 1번 항목은 "본조가 충남지부 해산 결정으로 인해 상처받은 조합원의 고통에 유감을 표한다"라는 내용이 들어갔다. 이는 상호 감정을 위무(慰撫)하는 것이 갈등 해결의 1차 과제이기 때문이었다. 그러나 이렇게만 표현하면 합의안의 '중립성'이 상실된다. 그래서 "충남지부 해산 결정은 산별노조 질서 확립을 위한 불가피한 결정이었음을 충남지부는 인정한다"
라는 표현이 더해졌다. 2번 항목에서는 "양 조직이 합의서 수
락 여부를 한날한시에 결정한다"라고 규정했다. 1차 조정이 본
조 운영위의 인준을 받지 못한 실패의 경험 때문에 인준 과정
을 세부적으로 규정한 것이었다.

양 조직은 상호 고소 고발을 취하하고, 갈등 기간 동안 본
조에 미납된 의무금을 충남지부가 납부하기로 했다. 본조 징계
위에 계류돼 있는 징계 건은 "규약과 규정에 따라 공정하게 처
리한다"라고 표현됐다. 이는 사실상 징계를 더는 추진하지 않
는다는 내용을 완화해서 표현한 것이었다.

회계 문제에 대해서 합의안은 "충남지부 회계는 회계 일
반에 근거할 때 문제가 있었음을 확인한다"라고 표현함으로써
주먹구구식 회계 방식에 대한 문제를 지적했다. 또 "법원의 판
단으로 횡령이 입증될 경우, 원칙에 따라 처리한다"라고 덧붙
였다. 법원은 문제가 된 3억 원 중에 2억8,000만 원은 문제가
없었다고 판결했다.

충남지부의 복권 이후에 "서부지부 조합원들이 불이익을
받으면 어떻게 하나" 하는 우려를 불식시키기 위해서 "합의 후
충남지부는 서부지부 조합원을 포함한 전 조합원의 화합과 단
결을 위해 노력한다"라는 항목을 넣었다.

본조와 충남지부, 양측이 폭력 사태를 빚었기 때문에 이
과정에서 법률 비용, 대손 비용, 치료 비용 등이 발생했는데,

본조는 수천 명의 회원을 거느린 충남지부가 재원이 있으니 대승적 결단으로 이 비용을 부담해달라고 요구했다. 충남지부가 비용을 대는 것은 자신의 잘못을 인정하는 꼴이 되기 때문에 이 요구는 쉽게 받아들여질 수 없었다.

그러나 충남지부는 본조에 의해서 해산을 당한 다음에도 스스로 민주노총 소속임을 표명해왔으니, 갈등 기간에 납부하지 않은 건설연맹 및 총연맹(민주노총)에 대한 상급단체 의무금을 일괄 납부하기로 하고, 이 돈의 사용처에 대해서는 본조에 맡기기로 했다. 이 금액이 약 2억 원이었는데, 이는 갈등 기간 동안 발생한 비용과 대체로 일치했다. 그래서 "충남지부는 지부해산 철회시 본조에 미납된 의무금(2018년 6월분)과 상급단체에 미납된 의무금(2018년 7월~2019년4 월분)을 납부한다"라는 항목이 들어갔다. 이는 본조가 실리를, 충남지부가 명분을 챙긴 것이었다. 이처럼 조정은 일률적으로 어느 한편이 옳고, 어느 한편이 그른지를 따지는 과정이 아니라, 양측이 서로에게 무엇을 줄 수 있고 무엇을 받을 수 있는지를 찾아내는, 거대한 '퍼즐맞추기'라고 할 수 있다.

플랜트노조 조정 합의서

민주노총 건설산업연맹 전국 플랜트 건설노동조합(이

하 플랜트 건설노조)과 플랜트 건설노조 운영위원회의 결정으로 해산된 전국 플랜트 건설노동조합 충남지부(이하 충남지부)는 민주노총이 주관하는 갈등 조정회의를 통해 서로 동지였음을 확인하고 민주노조운동의 정신과 플랜트 건설노조 단결을 위해 다음과 같이 합의한다.

1. 충남지부 해산 결정은 산별노조 질서 확립을 위한 불가피한 결정이었음을 충남지부는 인정한다. 플랜트 건설노조는 지부해산결정으로 인해 상처받는 조합원의 고통에 유감을 표한다.

2. 동 합의서 수락여부 결정은 한날한시에 양 조직 의결단위를 개최하여 합의(안)을 처리한다.

3. 양 조직에서 동 합의서 수락 절차가 마무리되면, 양 조직의 대표자는 각각 상대 조직의 운영위원회 또는 확대간부회의에 참석하여 조직 갈등으로 발생한 불신을 해소하기 위해 사과한다.

4. 양 조직은 충남지부 갈등과 관련된 각종 고소/고발 및 소송사건 일체를 플랜트건설노조 대동단결을

위해 일괄 취하한다.

5. 충남지부는 지부해산 철회 시 본조에 미납된
   의무금(2018년6월분)과 상급단체에 미납된 의
   무금(2018년7월~2019년4월분)을 납부한다.

6. 현재 플랜트 건설노조 징계위에 계류되어 있는 징
   계 건은 규약과 규정에 따라 공정하게 처리한다.

7. 충남지부 회계는 회계 일반에 근거할 때 문제가 있
   었음을 확인한다. 회계 사건과 관련해 법원의 판단
   으로 횡령이 입증될 경우 민주노조 정신과 원칙에
   따라 처리한다.

8. 조정 합의 시 플랜트 건설노조는 운영위를 통해
   충남지부 해산을 철회하고 서부지부 인준을 취소
   한다. 충남지역 플랜트 건설노동조합은 해산한다.

9. 합의 후 충남지부는 서부지부 조합원을 포함한 전
   조합원 화합과 단결을 위해 노력한다.

10. 충남지부는 합의 이후 본조의 조직 결정에 적극

복무하고, 본조는 지부의 자율성과 공정한 운영을
보장할 것을 약속하며, 이후 산별단일노조로 단결
할 것을 결의한다.

11. 민주노총 조정팀은 동 합의서의 성실한 이행을
위해 적극 노력하며, 동 합의서와 관련한 유권해석
을 함께 책임진다.

인준일에, 양 조직은 격렬한 내부 토론을 거쳤고 운영위원들은 오랜 시간 동안 거친 감정을 쏟아냈다. 하지만 합의서는 큰 무리 없이 채택됐다.

플랜트 노조 갈등을 조정하면서 조정가가 가장 힘쓴 것은 "조직의 전략적 목표를 우선적으로 고려하게 하는" 것이었다. 전략적 목표란 말할 것도 없이 상대와의 공존이다. 그래서 조정가는 합의안 부결시 예상되는 문제를 환기시켰다. 또, "우리가 옳다", "상대방은 악마다"라는 편견에 빠지지 않게 하기 위해서 "조정은 상대가 있는 게임임"을 명심시키려 노력했다. 플랜트 노조 건은 갈등의 극한까지 간 상태에서 '포기하지 않는 조정 의지'를 가진 조정가가 진정성을 인정받음으로써 성공한 조정이었다.

황재기 위원장
인터뷰

Q. 윤시후 지부장은 어떤 사람이었나?

그는 거칠지만 꾸밈없고 직설적인 스타일이다. 자기
나름대로 원칙에 충실한 사람이며, 자기가 한 이야기
는 분명히 지켰다. 2.24폭력에 연루된 6인에 대해서
"이 사람들은 보호하지 못한다"라고 분명히 했었다. 그
는 충남지부를 세운 데 혁혁한 공을 세운 사람이었다.
다만 고집이 셌고, 급진적이었다. 현대오일뱅크와의
협상안이 조합 총회에서 통과됐을 때, 나는 분회장들
하고 좋은 관계를 유지하라고 조언했다. 그러나 지부
장은 "어떻게 아무 일도 없었던 듯이 하겠느냐"라며

"(반대파를) 정리하겠다"라고 했다. 그 갈등이 격렬해졌고, "분회장 제명은 잘못된 것"이라고 본조가 판결하자 지부장은 내가 민중당 당원이라는 점을 부각시키며 "민중당 당원들이 회계부정을 저질렀다. 이를 감싸는 황재기 위원장은 플랜트 노조 위원장이냐 아니면 정파의 우두머리냐"라는 식으로 나를 공격하기 시작했다. 충남지부는 여수나 울산에서 온 노동자들을 노조에 가입시키면서 "황재기 위원장이 뭘 잘못했는지"를 교육시켰다. 그렇게 되니 윤시후 지부장은 아주 싸가지 없고 못된 놈이라는 생각이 들게 됐다. 처음부터 본조를 공격해서 흔들려는, 권력투쟁의 의도를 갖고 있던 것으로 의심도 하게 됐다. 당시 그와 나는 적이었고, 본조와 충남지부는 서로를 악마로 생각했다.

Q. 그런데 어떻게 조정에 응했나?

조정을 하라고 해서 처음에는 "그게 되겠나"라고 생각했다. 조정가 자신이 갈등 때문에 민주노총 조직에서 고민이 심했고, 그래서 갈등 조정을 시작했다는 '스토리'도 마음이 움직이는 데 도움이 됐다. 사실은 다른 방법이 없으니 지푸라기라도 잡는 심정으로 응했다.

그런데 조정 회의에서 만나 보니 상대인 윤시후 지부 장도 나와 똑같은 생각이더라.

Q. 조정 과정은 어땠나?

1차 조정을 하면서 "조정이 꽤 괜찮은 절차구나"라는 생각이 점점 굳어졌다. 사람 마음이 요술 같은 게, 대화를 서너 번 하고 술도 같이 하다 보니, "개놈의 새끼들"이라고 속으로 욕하던 그 대상들이 이해되고 역지사지가 됐다. 1차 조정이 실패하고 나서 '매몰 처리' 원칙이 지켜질지에 대해서 걱정했는데 의외로 잘 지켜져서 상대방에 대한 신뢰를 유지하게 됐다. 2차 조정 때는, 윤시후 지부장이 조직 면에서 잘 나가고 있었기 때문에 그 힘을 믿고 어깃장을 놓을 줄 알았는데 의외로 협조적이었다. 지역노조를 세웠기 때문에 그 체제를 유지하면서 충분히 혼자 먹고 살 수도 있었는데 그는 "본조가 해산을 철회하는 것을 우리의 목표로 한다"라고 선언했고, 이걸 지켰다. 물론 "내가 못 이겼으면 이 자리에 오지도 못했을 것 아닙니까"라며 약간의 위세를 부리긴 했다. 하하.

Q. 조정에 합의한 것은 플랜트 노조에 어떤 의미가 있는가?

원래 한 조직인데 분리되니 조합원들의 불편이 엄청나게 늘어났다. 플랜트 노조는 포항이나 여수 조합원들이 충남으로 와서 일하는 식으로 '전국 규모'로 일이 진행되는데, 옛날에 형제였던 조직에 가서 구박받는 상황이 됐었다. 그런데 이제 원래 관계를 복원했다.

윤시후 지부장
인터뷰

Q. 플랜트 노조 충남지부 내에서 갈등이 발생했다.

원인은 무엇이었나.

플랜트노조 지부장은 직접선거로 선출하기 때문에 현
장 출신이 뽑힌다. 그러나 사무국장 지부장 등은 전문
노동운동가들이 좌지우지해 왔다. 애초에 지부장 출마
할 때부터 후보는 그들과 조율을 거친다. 나는 그러지
않았다. 그래서 그들이 출마를 막았고, 출마자격 시비
를 걸어왔다. 나는 피케팅하고 연좌농성하면서 싸워서
지부장에 당선됐다. 충남지부 지부장은 대대로 단일후
보였는데, 내가 경선을 통해서 선출된 첫 케이스였다.

Q. 지부장과 스탭들 간 갈등이었던 것인가?

그렇다. 노동운동 전문가들이 "우리 아니면 니들이 조합을 꾸려갈 수 있겠냐"라는 오만한 생각을 한 것이다. 조합의 70%는 저쪽 세력이 장악했다. 내가 일을 하려고 하는데 분회장들이 운영위에서 자꾸 제동을 걸었다. 그들은 공식회의 말고 따로 자기네들끼리 회의를 했고, 그 결정을 조합 운영위에서 밀어붙이는 식으로 일을 했다. 이것은 분파주의로, 조합이 허용할 수 있는 것이 아니었다. 내가 공약을 걸고 당선됐는데 그걸 못하게 하니, 이건 나더러 지부장 그만하고 내려가라는 얘기다. 사실은 이런 위험성을 경고하는 말을 애초에 들었었다.

Q. 무슨 말인가?

지부장에 당선되니 "6개월에서 1년 사이를 조심하라"라고 원로들(전 지부장들)이 조언해줬다. 당시에는 "잘못하면 감옥 간다"라는 말인 줄 알았다. 지금 생각해보니 "분회장들이 지부장을 흔들어댈 것이니 이에 대한 대응을 잘 해야 한다"라는 말이었다.

Q. 구체적으로 무엇이 문제였나?

나는 "회계를 투명하게 하겠다"라는 공약을 내걸었다. 그래서 외부 회계사들에게 맡겨서 플랜트 노조 충남지부의 회계를 평가하게 했다. 그랬더니 "회계가 너무 엉망이고 주먹구구라 회계 평가 자체가 불가능하다"라는 판단이 나왔다. 그런 회계 관행을 바로잡으려 했는데 그들은 이를, 자기네 세력을 와해시키려는 움직임이라고 파악한 것 같다.

Q. '그들'은 뭐라고 했나?

'신념'을 들먹였다. 그들은 "민중당이 플랜트 노조를 장악하는 것이 정의다"라고 생각한 것 같다. 그런 판국에 내가 기존의 질서를 흔드는 존재로 느껴졌던 것 같다. 나는 그저 회계 투명화 그 자체에 관심이 있었고, 그게 플랜트 노조를 위한 일이었다고 생각한 것뿐이었는데 말이다.

Q. 그것이 왜 본조와의 갈등으로 번졌나?

본조가 충남지부의 상벌규정까지 무시하면서 징계를 하지 못하게 했다.

Q. 그래서 어떻게 했나?

돈을 안 줬다. 매달 본조에 내는 의무금을 끊었다. 그 랬더니 저쪽에서는 전산(電算)을 막았다. 전국에서 모 이는 조합원 관리를 위해서 전산이 중요했는데, 그걸 사용하지 못하니 수작업으로 했다. 그거 하느라 1년 내 내 죽을 뻔했다. 그러면서 데이터베이스 구축하는 데 1억 가까이 들었다. 정말 어금니 꽉 깨물고 싸웠다.

Q. 그런데 왜 다시 합쳤나?

플랜트 노조 충남지역 노조로 독립하면, 의무금도 안 내고 좋다. 독립하자는 내부 의견이 없는 것도 아니 었다. 그러나 그러면 아마 '어용 노조'로 갈 개연성이 높아질 것이다. 민주노총에는 "이래야 한다"라는 규율

이 있고 원칙, 틀이 있다. 그런데 거기서 독립하면 부패로의 유혹이 어마무시하게 많을 것이다.

Q. 황재기 위원장에 대해서는 어떻게 생각하나.

여수에서 활약한 전설적인 노동운동가다. 그런데 이번 사건을 겪고 많이 실망했다. 조정 합의를 했으면 직을 걸고 그것을 관철시켜야 했다. 그런데 어떻게 인준을 못 받고 방치할 수 있나. 일을 처리하는 데 있어서 모호한 부분도 많았다. "반칙하면 안 된다는 데는 동의하지만"이라고 하면서도 일처리가 명쾌하지 못했다. 이건 '정파(政派)'라는 단어를 동원하지 않으면 설명될 수 없는 부분이다. 나는 중집위 자체가 중립적이지 않다는 걸 이미 봤다. 그러나 "우리는 하나다. 하나로 가야 한다"라는 명분을 부여잡고, 내부 욕을 먹으면서도 조정에 합의했다.

Q. 이제 지부장 임기가 끝나간다. 본인의 업적은 뭔가?

회계투명화다. 옛날처럼 주먹구구 깜깜이 회계는 안

된다. 앞으로 부정을 저지르려면 최소한 4명이 공모하지 않으면 안 된다. 노조와 정당 간에 경계 구분이 없는 민중당원들에 대해서 경고한 것도 소득이다.

이세훈 민주노총 교육국장 *
인터뷰

Q. 플랜트 노조 조정에 어떻게 참여하게 됐나?

용접 일을 했었는데, 몸을 다쳤다. 선배가 노조 일을
해보지 않겠느냐고 권유해서, 14년 전부터 경기서부지
역 건설노조에서 활동하다가 중앙으로 왔다. 3~4년
쯤 전에 민노총에서 갈등 조정 교육을 3일간 8시간씩
받았는데, 마음에 잘 와닿지 않았다. "이게 실제 적용
될까?"라는 의구심이 들었고 "좋아 보이긴 하는데, 내
가 할 수 있는 것은 아닌 것 같다"라는 생각이 들었다.

---

* 조형일 조정가와 함께 조정을 이끌었음

1년쯤 후, 민노총 교육국장으로 왔는데, 이때 교육 담당이라 교육을 또 듣게 됐다. 그때 김금철 건설산업연맹사무처장도 이 교육을 들었고 2018년 플랜트 노조가 이슈가 되었을 때 "갈등 조정을 해보자"라고 조형일 조정가에게 제안했다. 거기에 나도 참여하게 된 것이다. 당시에 민노총에서 실무적으로 이를 진행시킬 사람이 나밖에 없었다.

Q. 플랜트 노조 갈등 조정에 참여한 소감은?

1차 조정부터 감흥이 컸다. 교육에서 받은 어렴풋한 느낌도 실전을 겪어보니 알 것 같았다. 조정가가 갈등의 양 당사자를 각각 만나 "이 문제에 대해서 어떻게 생각하나?"라는 질문을 던졌을 뿐인데 두 분 다 30분 동안을 줄줄 얘기했다. 사건의 발생에서부터, 마치 신앙 간증하듯이 얘기했다. 조정가는 중간 질문으로 그 얘기들이 끊기지 않도록 이어주는 역할을 했고, 그렇게 하니까 사건의 실체가 명확하게 파악이 되더라. 전반적인 맥락이 이렇게 흘러가는구나. 이렇게 갈 수 있겠다, 이렇게 바라볼 수 있겠구나 하고 단박에 이해됐다. "플래카드에 쌍욕을 쓰면서 서로를 비난하던 집단의 장인데, 저런 모습도 있구나"라는 걸 새삼 깨닫게 되는 경험이었다.

광명시에서 열린 1차 조정 첫 모임에서는 한쪽 당사자가 "내가 서운했다"라는 말을 했다. 이런 모습은 처음이었다. 조정가가 "그때 왜 그랬냐, 뭐가 서운했냐"라고 질문을 이어가니까 당시 사정이 회상되고 상대편이 "아, 그때 그런 줄은 몰랐다"라는 분위기가 생겼다. "아, 근엄한 위원장들이 이렇게 인간적으로 이런 말도 할 수 있구나"라고 느꼈다. 그들은 개별 회의에서 속마음을 털어놨고 그렇게 진행하다 보니 합의서까지 간 것이다. 교육받은 프로세스가 눈앞에서 그대로 진행되는 것을 보니까, 아, 이게 가능하구나라는 생각이 들었다.

Q. 2차 조정 때는 어땠나?

2차 조정을 다시 한다고 했을 때, "이건 되겠구나"라고 생각했다. 그 예감이 적중했다. 1차 조정 때 인준에 반대했던 본조 수석부위원장이 "어차피 이것은 지부 해산을 철회해야 해결되는 것 아닌가?"라고 말했다. 그 말을 듣고 "이것은 긍정적인 신호다. 갈등 해결 잘 되겠구나"라고 생각했다. "이제부터 지부해산 철회를 위한 조건에 대한 협상이 이어지겠구나. 양측이 타결을 목표로, 가던 길을 다시 가겠구나. 그래서 타결로 이어지겠구나. 1차 조정이 인준을 못 받았지만, 그렇다고 2차조정이 처음부터 다시 시작하는 것이 아니라, 지난번 중단된 시점에서 이어가는 것이구나"라고 생각했다. 2차 조정을 하기로 하고 와서 자리에 앉은 것은 사실상 반 이상 타결된 셈이라고 할 수 있었는데, 그것을 협상 첫날 첫마디가 확인시켜 준 것이었다.

Q. 2차 조정은 순조로웠다는 말인가?

1차 조정 때는 비밀의 원칙이 철저히 지켜졌는데, 2차 조정 때는 조직에 일정 정도의 정보를 공유하면서 진행됐다. 그래도 조정 참여자와 불참자 사이에는 갭이 있었다. 조정 참여자는 상대방을 이해하고, 무엇이 가능하고 불가능한지를 다 인지한 상태에서 대화를 하는데 구성원들은 이걸 모르는 상황에서 자신의 주장만 있는 상태다. 그래서 구성원들 설득이 쉽지 않다. 이 갭을 어떻게 좁힐 것인가가 집단 갈등 조정의 큰 문제다.

Q. 그런데 어떻게 해서 타결이 됐나?

양측이 싸울 만큼 싸운 후의 조정이어서 타결될 수 있었다고 본다. 더는 쓸 카드가 없었으니까. 본조는 충남지부를 해산시켰다. 그런데 지부는 조직 밖에 나가서 또 뭘 만들어서 일을 하고 있다. 그러니 본조로서는 더는 어쩔 방법이 없었다. 충남지부는 황재기 위원장을 내쫓았는데, 그 사람이 다시 올라왔다. 서로에게 총질 칼질 다 했는데, 누가 죽든 죽어야 했는데, 둘 다 안 죽고 살아왔다. "그러면 이 문제를 어떻게 해결하지?"라는 고민을 하던 차에, '조정'의 방식이 제안된 것이다.

Q. 조정에 참여하지 않은 구성원들 설득은 어떻게 했나?

합의안 타결 후 충남지부는 간부 150명에게, 본조는 15명 운영위원에게 보고했다. 양쪽 다 구성원들에게 "욕먹기 위해서" 만든 회의였다고 할 수 있다. 조정 참가자들은 상대방에 대한 마음이 다 풀어졌는데, 다른 구성원들에게는 상대방에 대한 악감정이 남아 있었고, 그 감정을 합의서 인준하는 그 회의에서 다 삭이느라 몇 시간씩 토론을 하면서 풀었던 것이라고 생각된다.

Q. 그러면 조정에 참여하지 않은 사람들은, 맘에 들지 않지만 위원장 지부장이 주장하니 그냥 자신의 의견을 포기한 것인가?

그보다는, "조직의 장들이 반대를 돌파하고 있는 중이었다"라고 표현하는 것이 옳다. "내가 수장이니, 책임지고 내가 하겠다"라는 자세인 것이다.

Q. 민주노조운동에서 조직 내 갈등 조정 첫 사례인데, 그 의미는?

크다. 민주노총 간부들 중에 플랜트 노조 갈등을 모르는 사람은 없다. 1차 조정 후에, 나는 플랜트 노조가 어떻게 서로를 죽이려고 싸웠는지에 대한 보고서를 쓰려고 했었다. 왜냐하면 이렇게 스펙터클하게 싸운 경우도 찾기 쉽지 않기 때문이다. 플랜트 노조 갈등 조정에 성공했다는 말을 들은 사람들은 "이런 문제도 해결이 돼?"라고 반응한다.

이건 정말 의미가 크다. 왜냐하면 이것이 갈등 해결의 정도(正道)이기 때문이다. 충남지부나 본조 사람들이 "이 사건을 왜 이렇게 해결하느냐?"라며 욕을 한다. 왜냐하면 본인들이 생각하는 대로 누군가 하나를 죽여서 정의를 실현하는 방식으로 해결되지 않았기 때문이다. 그러면 나는 역설적으로 반문한다. "그럼 어떤 방식이 있는가? 상대를 밟아 죽이는 방법이 있으면, 나도 동참하겠다."

Q. 이전에는 조정이 없었나?

민주노총 간부가 주재한 조정이 있었지만, 성공 가능성이 없었다. 중재자가 이쪽저쪽 얘기 다 듣고 "양보해"라는 식의 진행이었으니까. 이번에도 '조직 질서'를 앞세워서 양측을 설득하려는 방식이었다면 실패했을 것이다. 전에는 갈등 당사자들이 갖고 있던 '선악(善惡)' 개념, "우리는 옳고 상대는 나쁘다"라는 개념을 넘어서지 못했다. 그런데 이번에는 정의나 불의의 문제가 아니라, '문제 해결'에 초점을 맞춰서 조정이 진행됐다. "이것이 정의니까 이래야 해"라든가 "우리는 같은 편이니까 이래야 해"가 아니라 "장애가 생겼다. 이걸 어떻게 넘어야 할까"라는 시각에서 접근한 것이다.

V

한국인의 갈등 구조

이 책은 갈등을 해결하는 방법에 대한 책이지만, 더 정확히 말해 '한국인'의 갈등을 해결하는 방법에 대한 책이기도 하다. 갈등을 해결하기 위해서는 갈등 해결의 방법을 잘 알고 이를 생활에서 실천할 수 있어야 한다. 그러나 그 전에, "한국인, 우리는 누구인가?"에 대해서 생각해 볼 필요가 있다. 갈등 주체의 사고 방식, 세계관이 갈등 발생의 큰 요인이 될 수 있고, 이 책은 무엇보다 '한국인'의 갈등에 초점이 맞춰져 있기 때문이다.

사람은 보통 자기 자신의 가치관이나 행동 양식에 대해서 잘 모른다. 오랜 역사를 통해 형성되며 주입된 적지 않은 가치관이 '무의식'의 차원에서 사람들을 조종한다. 특히 같은 가치관을 갖고 있는 사람들이 모인 집단에서 생활하다 보면 그 가치관은 공기와도 같은 것이 되어 인식하지 못한다. 만약 우리가 어떤 가치관 하에서 어떤 사고를 하고 어떤 언행을 하는지를 인식할 수 있다면 많은 갈등은 스스로 없어질 것이다. 자신에 대한 성찰 혹은 상대방과의 관계에 대한 성찰은 그것 자체로 갈등을 소멸시키는, 혹은 갈등을 건전한 에너지로 전환시키는 힘을 갖기 때문이다. 성철 스님은 "자기를 바로봅시다"라고 했다. 갈등 해결을 위해서는 '우리'를 바로 보는 일이 긴요하다.

한국인은 누구인가? 한국인에 대해, 특히 현대 한국인의 '갈등'과 관련해 유의미한 연구를 펼친 학자들이 몇 분 있다. 그레고리 헨더슨(Gregory Henderson), 오구라 기조(小倉 紀蔵), 함재봉, 허태균 등이 그분들이다. 미국인 그레고리 헨더슨은 서구인의 시각으로 한국 정치를 비판적으로 논한 『소용돌이의 한국정치』를 출간했다. 일본인 오구라 기조는 한국 철학을 내재적으로 접근하여 서술한 『한국은 하나의 철학이다』에서 주자성리학자로서의 한국인에 대한 찬양과 비판을 동시에 펼쳤다. 유학자 함재봉은 『한국인 만들기』 등의 저술에서 한국인이 형성된 역사적 계보를 밝혔다. 심리학자 허태균은 『어쩌다 한국인』에서 한국인의 심리학적 성격을 논했다. 여기서는 이렇게 '경계'에 서서 한국인을 바라본 학자들의 성과를 참조해서 '갈등'과 관련한 한국인의 특성에 대해서 서술해보고자 한다.

■

한국인은
정의(正義)를 추구한다

한국인은 '옳음' 즉 정의를 추구하는 사람들이다. 세상에 옳음을 추구하지 않는 민족이 있으랴만, 한국인의 옳음에 대한 추구는 남다르다. 우리는 그 자취를 우리의 '언어'에서 발견할 수 있다.

예컨대 우리는 "그럴 리가 있느냐"라는 말을 한다. 우리가 일상생활 속에서 무심코 쓰는, 이 문장 속의 '리'는 우리의 삶 속에 스며들어 있어 쓰면서 아무런 이질감도 느끼지 못한다. 그것이 우리의 고유어이며, 원래 한자에서 유래한 말일 리가 없다고 느끼는 것이다. 그러나 여기에 나오는 '리'는 주자성리학의 '이기론(理氣論)'에 나오는 '리(理)'다. 이기론에서의 리란 원리이고 옳음이고 명분인데, 이 리가 우리 정신 속, 언어 속에 깊이 뿌리박혀 있기 때문에 우리는 그것이 한자어인지를 인식하지 못하고 원래 우리 고유어인 것으로 착각한다. 그것은 마치 원래 호(虎)와 랑(狼), 즉 범과 이리의 합성어인 '호랑이'가 우리의 정신을 표상하는 영물(靈物)로 여겨지면서 호랑이라는 말 자체도 원래 우리의 고유어인 것처럼 느껴지는 것과 같은 현상이다.

우리는 또 "합리적으로 생각해봐" "비리를 저지르지 마"라는 말을 평상시에 자주 하며, 이론, 이치, 이유 등을 생활의 필수 단어로 쓰고 있는데, 이 단어들은 그 안에 '리'를 품고 있다. '합리(合理)'란 '리에 맞음'이고 '비리(非理)'란 '리가 아님'이다. '이론(理論)'이란 '리를 논함'이고 '이치(理致)'란 '리에 다다름'이며 '이유(理由)'란 '리의 말미암음'이다. 우리가 쓰는 이런 말들은 우리에게 '리'의 정신을 무의식에 각인시킨다.

리란 무엇인가? 리는 유교, 그 중에서도 주자성리학의 핵심 개념으로, 인간의 본성에서 우러나오는 도덕적 감정이다. 남을 불쌍히 여기는 측은지심(惻隱之心), 자신의 옳지 못함을 부끄러워(羞)하고 남의 옳지 못함을 미워(惡)하는 수오지심(羞惡之心), 겸손하여 남에게 양보하는 사양지심(辭讓之心), 잘잘못을 분별하여 가리는 시비지심(是非之心)의 사단(四端)이 그것이다. 여기서 측은지심과 사양지심은 타인과의 정서적 연결과 연관이 있는 반면 수오지심과 시비지심은 옳고 그름을 따지는 감정이다. 이기론을 철학으로 받아들인 한국인은, 타인과의 정서적 유대와 함께 '옳고 그름'을 따지는 도덕적 감정을 인간이기 위한 근본 전제로 삼았음을 알 수 있다.

리와 대비되는 것은 '기(氣)'다. 그것은 인간의 본성이 사물을 접하면서 표현되는 자연적인 감정으로서 희노애구애오욕, 즉 기쁨(희喜) 노여움(노怒) 슬픔(애哀) 두려움(구懼) 사랑(애愛) 미움(오惡) 욕망(욕欲)의 일곱 가지를 말한다.

기는 불완전하여 불선(不善)이나 불의(不義)로 흐를 수 있다. 그러나 리(理)란 곧 선(善)이며 의(義)여서 인간은 '리'를, '옳음'을 추구하는 존재이며 인간이라면 당연히 옳음을 추구해야 한다. 조선조 이래의 한국인은 이러한 "해야 한다"라는 강박에 쫓겨 왔다.

'옳음', '명분'으로서의 '리'를 추구해온 한국인은 큰 장점을 갖고 있다. 그것은 명분에 강하다는 것이다. 우리는 이를 잘 인식하지 못할지 모르지만 외부인의 눈에는 그것이 뚜렷이 보인다. 일본인 오구라 기조는 그 예를 2002월드컵 유치 경쟁 과정에서 본다. 2002월드컵 유치전은 일본이 먼저 뛰어들었지만 나중에 한국이 끼어들면서 일본을 앞질렀고 결국 한일이 공동 개최하게 됐다.

후발주자로서의 한국이 그렇게 할 수 있었던 요인은 무엇이었을까? 그것은 한국이 명분 싸움에서 강점을 발휘했기 때문이었다. 오구라는 말한다. "한국은 '월드컵을 한국(과 북한)에서 열면 남북통일과 동아시아의 평화에 기여한다'라는 장대한

기상과 대계의 의지가 넘치는 제언을 했다. 반면 일본에는 그런 대외명분이 없었고 '세계 일류의 플레이를 눈으로 직접 보고 싶다'는 욕망만이 있었다."* 오구라는 "메시지란 대외명분이다. 메시지가 없는 자가 세계를 바꿀 수는 없다"라고 단언한다.

'리(理)'의 챔피언은 원래 맹자다. 맹자는 양혜왕(梁惠王)의 초청에 응한 자리에서 혜왕이 인사말 겸, "천 리를 멀다 하지 않고 와주셨으니 장차 우리나라를 어떻게 이롭게 해주시겠습니까?"라고 물었을 때 "왕께서는 하필 리(利)를 말씀하십니까? 다만 인의(仁義)가 있을 뿐입니다"라고 대꾸했다. 『맹자』 첫 장에 나오는 이 일화는 "옳음을 추구해야지 이익을 추구해서 되겠느냐"는 힐난이었다. 여기서 의(義)는 리(理)와 같은 맥락에 있는 말이다.

맹자의 이런 사상은 주자를 거쳐서 조선인에게 내면화됐다. 그 결과 중국인 학자인 맹자는 중국인보다 한국인에게 더 친숙해졌다. 맹자는 춘추전국시대에 명성을 날린 여러 학자 중 한 명이었지만 큰 관심을 받지 못했었다. 그는 민(民)이 천(天)을 끌어내릴 수도 있다는 혁명의 사상가여서, 역대 중국의 왕들로부터 환영을 받지 못했던 것이다. 그런데 주자가 『사서

---

*   오구라 기조 저 조성환 역, 『한국은 하나의 철학이다』, 모시는사람들, 2017, 17쪽.

집주』를 쓰면서 유학자가 공부해야 할 서책으로 『논어』『대학』
『중용』과 함께 『맹자』를 꼽았고, 이로써 맹자가 역사적으로
복권(復權)된 것이다.

맹자를 복권시킨 주자성리학은 조선의 건국이념이 되
었고, 조선인의 사상이 되었다. 도올 김용옥은 "정몽주가 원
나라에서 구해 정도전이 읽고, 이성계를 꼬드겨 혁명에 나서
게 한 책"이라고 『맹자』를 설명한다. 또 그의 책 『맹자, 사람의
길』 표지에 "조선왕조는 『맹자』로 건설되었고 『맹자』로 유지되
었다. 한국인의 대장부 기질, 그 호연지기와 그 언어가 『맹자』
를 모르면 이해될 수 없다"라고 썼다.

명나라가 무너지고 청나라가 들어서서 양명학이 중국에서
유행할 때도 조선은 '소중화(小中華)'를 자처하며 주자성리학
을 고집했다. 조선은 다른 어느 나라보다, 심지어 주자학의 원
류인 중국보다도 더 주자학을 내면화한 국가다. 우리나라에서
는 유교 경전 하면 사서삼경(四書三經)을 뜻하지만 정작 중국
사람들에게는 유학의 '십삼경(十三經)'이 있을 뿐 '사서'라는 개
념은 없다. 맹자와 맹자의 '의(義)' 사상은 한국인에게 그만큼
큰 영향을 주었다. 미국의 철학자 마이클 샌델이 쓴 책 『정의
란 무엇인가』가 한국에서 유달리 베스트셀러에 오른 것도 '의
(義)'가 한국인의 머릿속에 각인되어 있기 때문일 것이다.

주자성리학을 내면화한 국가의 국민은 매우 특이한 행동
양식을 갖는다. 이런 한국인의 특성을 몸으로 체험한 사람이

오구라 기조다. 오구라가 보기에 고래(古來)의 한국인들은 모두 '옳음'을 추구하는 도덕주의로 무장돼 있다. 그는 "한국인의 일거수일투족이 모두 주자학이었다"라고 영탄(詠嘆)한다. 이것은 무슨 말인가? "한국인은 비뚤어진 것에는 올곧은 것으로 맞서고, 올곧은 것을 상대할 때는 올곧음을 겨룬다. 상대방보다 자신이 올곧으면 상대방의 정신적인 주인이 되고, 그 반대의 경우에는 상대방에게 동화되려고 한다."**라고 설명한다.

** 앞의 책, 16쪽.

한국인은
휴머니스트다

한국인은 "사람이 먼저다"라는 말을 자주 한다. 이는 한국인이 휴머니스트, 인본주의자임을 보여준다. 그러나 어떤 사람은 "우리는 사람에게 충성하지 않는다"라고 말하기도 한다. 이는 '사람'이 아니라 '옳음'을 추구한다는 말이다. 그렇다면 한국인이 '옳음'을 추구한다는 말과 '인본주의자'라는 말은 서로 배치되는 말일까? 현실적으로 이 둘은 긴장관계를 형성한다. 하지만 한국의 철학은 이 둘을 모두 포괄하려 한다.

한국인이 '의리'를 말할 때 이는 현실적으로 '정리(情理)'의 관념을 포함한다. 사단(四端) 중 시비지심(是非之心)과 수오지심(羞惡之心)은 의리에, 측은지심(惻隱之心)과 사양지심(辭讓之心)은 정리에 해당한다. 한국인들은 '옳음', '정의'를 외치지만 자신과 연줄이 있는 사람들과의 '인간관계'는 외면하기 어렵다. 이런 한국인의 성격은 한국인의 철학에 기인하는 것이다.

연예인 김보성은 '의리'로 떴다. 그는 시도 때도 없이 '의리'라고 외치면서 주먹을 내지르는 모습을 보여주었고 이것이 시청자들에게 치기(稚氣) 어린 '귀여움'으로 다가가 공감을 샀다. 이는 한국인의 의리가 선악을 구분하여 "나는 선이고 너는 악이다"라는 것을 전제로 하는 의리, 다시 말해 주먹으로, '힘'으로 뒷받침돼야 하는 의리라는 뜻이다. 이런 의리는 갈등을 증폭시키는 원인이 된다.

'의리'가 이런 뜻으로 발전한 것은 역사에서 한국인이 성립하는 과정과도 관련이 있다. 오늘날 한국인의 DNA라고 할 수 있는 '의'와 '리'를 정착시킨 것은 조선조였고, 당시의 조선은 '씨족연합'이었다. 조선의 건국 세력은 주자성리학을 퍼뜨릴 담지자로서의 씨족을 인위적으로 만들어냈다. 남자가 여자 집에 장가가던 고려의 풍습을 버리게 하고 여자가 남자 집에 시집가는 풍속을 만들었으며, 장자상속(長子相續)이 이루어지는 남성 위주의 '가문(家門)'을 만들었다. '백성(百姓)'이라는 말은 조선을 이루는 단위가 개인이 아니라 '성씨' 즉 가족 공동체였음을 의미한다. 그 성씨가 백 개를 넘어가자 '만(萬)'자를 하나 더 붙여 '만백성'이라고 했다.*

---

*   함재봉, 『한국 사람 만들기』, 아산서원, 2017, 1권 124쪽.

정치는 성씨와 성씨, 가문과 가문이 대결하는 장(場)이었다. 그 가문들은 왕의 독재를 견제하면서 국가를 이상적으로 운영하는 데 공헌하는 것으로 여겨졌고 이를 개념화한 것이 '붕당(朋黨)정치'다. 그러나 그런 이념 뒤의 현실에서는 어디에서건 '약육강식'이라는 힘의 논리가 펼쳐지게 마련이다. 정치판은 '리의 투쟁'이 벌어지는 장이어서, 승리하는 자는 현실의 이권까지 챙기게 된다. 또한 싸움에서 중요한 것은 가문을 이끄는 명망가(名望家)다. 정치판에서 힘겹게 상대 문벌과 싸움을 벌이는 우리 집안의 '어른'이 잘 하느냐 못 하느냐에 따라 가문의 운명도 결정된다. 논 팔고 땅 팔아 아들을 서울에 유학시키는 관행도, 아들이 출세하여 가문을 일으키도록 하기 위한 것이었다. 한국인에게 모든 행동의 주체는 '가문'이었고 개인은 가문을 유지하기 위해서 존재했다. 며느리에게는 아들을 낳아 가문을 잇는 것이 가장 중요한 의무 중 하나였다.

한국인이 '의리'라는 말을 하면서 떠올리는 이미지가 제식구는 폭력을 동원해서라도 감싸주는 '조폭'인 데는 이런 역사적 배경이 있는 것이다. 물론 이때 '우리 가문'은 정의의 가문이며, 상대 가문은 불의의 가문이다. 탕평책을 펼치는 정의의 왕 정조(正祖)가 노론 세력에 의해 암살됐다는 등의 역사 소설과 그 소설의 제재(題材)가 된 '이야기'들은 가문을 정의와 불의로 나누어 생각하는 사고방식에서 비롯된 것이다.

그러나 실제로 누가 정의였고 누가 불의였는지는 명확하

지 않다. 2009년 발굴된 '정조어찰첩'을 보면 개혁을 추진한 학자풍 군주, 성군(聖君) 이미지로 한국인에게 각인되어 있던 정조에게서 정적(政敵) 심환지를 적극적으로 회유하고, 막후에서 비밀스런 지시와 조정을 주도하는 노련한 정치가의 수완과 동태를 생생하게 발견할 수 있다.** 이는 "정조는 억울하게 피살된 정의의 군주였고 심환지는 사악한 당파싸움의 화신이었다"라는 일반의 이미지와는 다른 정황이다.

애초에 '붕당정치'라는 것이 왕의 독재를 순화하기 위한 장치였기 때문에 한쪽 가문의 주장이 절대적으로 옳은 것일 수는 없으며 오직 활발한 토론만이 중요했다. 그런데 '나'와 '우리'를 중시하는 자기중심적 집단주의의 한계 때문에 실제 조선의 정치에서는 "무엇이 정의인가"보다 그 정의를 실현하는 주체가 "우리 가문인가 아닌가"가 더 중요하게 여겨졌다.

개인이 아니라 가문이 주체가 되며 가문 간의 쟁론이 중요한 조선의 상황에서는 가문을 이끄는 '사람'으로서의 리더가 중요하고, 그 리더와 나와의 관계 즉 '인간관계'가 중요하다. 이런 특성은 심리학자 허태균이 명명한 '가족확장성'으로 나타난다. 한국인들은 서로를 '가족'을 부르는 언어로 호칭하는 것을 '친해졌음'의 징표로 사용한다. 교수님, 대리님, 사장님 등으로 부르다가 친해지면 '길동이 형', '철수 아우' 등으로 부르

** 안대회, 『정조의 비밀편지』, 문학동네, 2010.

는 것이다. 지구상에서 거의 한국인에게만 유일한 이런 관행은
"같은 가문에 소속돼 있는 사람은 '우리편'"이라는 사고방식에
서 비롯됐을 것이다.

허태균에 의하면 일본인에게는 집단이 중요하지만 한국
인에게는 집단보다는 집단 내의 사적(私的) 인간관계가 중요
하다. 조직과 회사 같은 거대 시스템보다는 바로 내 앞과 옆
에 앉아 있는 동료와 상사, 부하직원과의 일대일 관계가 더 중
요한 것이다.*** 우리에게는 '멸사봉공(滅私奉公)'이라는 좋은
표어가 있지만, 때로는 공적인 관계와 역할보다 사적 관계를
우선시하는 것이 한국인인 것이다. 허태균은 "일을 하는 이유
도 회사나 조직의 성공보다는 옆에 있는 사람들로부터 찾으려
한다. 즉, 조직에 충성하고 주어진 역할에 충실한 일본 사람들
과 달리, 한국 사람들은 오히려 자기 옆의 상사와 동료에 충성
하고, 타인과의 일대일 관계에 더 충실하다"라고 말한다.

개인적 관계를 맺고 있는 구체적인 '사람'은 추상적인 집
단보다 더 현실적이다. 그 구체성으로서의 '인간관계'는 한국
의 역사에서 종종 큰 힘을 발휘하기도 했다. 그러나 인간관계
를 중요시하는 한국인의 품성은 양날의 칼이다. 그것은 때로
더 큰 전체로서의 '시스템', '공공(公共)의 정신'을 무시하게 만
드는 요인이 되는 것이다.

***   허태균, 『어쩌다 한국인』, 중앙북스, 2015, 158~159쪽

한국인은
주인공이
되고 싶어 한다

1990년대, 일본 어느 도시에서 열린 국제 스포츠 대회 대회장. '통행금지 구역'이 지정돼 있고 그 입구에서는 일본인 통제관이 통행을 막고 있었다. 한국인이라면 옆에 의자를 갖다 놓고 앉아 있거나 개인적인 일로 자리를 비울 법도 하건만 그 통제관은 빈둥빈둥하는 일 없이 꼿꼿이 제자리에 서서 자기 일을 게을리 하지 않았다. 그러자 뻔히 눈에 보이는 곳을 멀리 돌아서 가야 하는 데 불편함을 느낀 한 한국 기자가 통행금지의 이유를 그 통제관에게 물었다. 통제관은 "그게 룰이다"라는 말을 하며 "더 이상 무슨 이유가 필요하냐"는 표정을 지었다.

이 한국 기자는 일본 기자들과 환담하는 중에 "일본인들은 자기에게 맡겨진 일만 한다"라고 무심코 말했다. 그랬더니 일본 기자들은 "아, 정말 그렇다"라며 분개했다. 마치 "한국인들은 공중도덕을 지키지 않는다"라고 할 때 한국 기자들이 공감하고 분개하는 것과 비슷한 분위기였다. 1970~80년대 일본 경제가 승승장구할 때, "일본인을 배우자"라는 캠페인 때문에 스트레스를 받았던 이 기자는 묘한 안도감을 느꼈다.

그 뒤 이 기자는 서울 올림픽 공원에서 자전거를 타다가 '자전거 출입금지'라는 팻말을 보았다. 마침 공원 관리인이 있어서 "몽촌토성역으로 가려고 하는데 어떻게 하면 되느냐"라고 물었다. 관리인은 '자전거 출입금지'라는 팻말이 버젓이 있는 그 길로 가라고 했다. 기자는 "관리인이 이래도 되나"라는 생각을 하면서도 지름길을 이용해 행선지로 갈 수 있게 되어 다행이라고 생각했다. 그런데 조금 더 가자 '자전거 출입금지' 팻말이 달린 이유를 알 수 있었다. 길이 너무 가팔라 사고 위험성이 있었던 것이다.

만약 그 관리인이 '자전거 출입금지'라는 팻말이 걸린 이유를 알았다면 "길이 가파르니 조심하라"라는 말 한마디쯤은 했을 테지만, 관리인은 그런 말도 하지 않았다. 일본인 통제관이나 한국인 관리인이나 통제를 하는 이유를 모르는 건 마찬가지였다. 일본인은 '매뉴얼'에 따르고 한국인은 자기 생각을 따른다. 일본인과 달리 한국인은 항상 자기가 주인공이었으면 좋겠다고 생각하고, 자기가 주인공인 것처럼 행동한다. 이는 자기를 내세우지 않는 일본인과 대비된다.

여행을 가서 사진을 찍어도, 항상 그 배경에 자기 자신이 클로즈업되어 나와야 직성이 풀리는 것이 한국인이다. 이렇게 주인공이 되고 싶어 하는 한국인의 성격을 "주체성이 강하다"라고 표현할 수도 있다. 이런 한국인의 성격에는 한국인이 겪은 역사가 영향을 미쳤다. 한국인은 혁명을 두 번 겪었다. 하나는 앞에서 언급한 '조선건국혁명'이었다. 다른 하나는 조선의 패망과 대한민국의 건국 사이에 일어난 혁명이었다.

조선 말기, 나라를 지배하던 양반은 몰락했고 그 성씨를 상민(常民)이 샀다. 양반의 성씨는 모든 국민의 성씨가 됐고, 대부분의 조선 인민들이 '왕가의 후예'로 신분 상승을 이뤘다. 그리하여 한국인의 무의식 속에는 왕(王)이 버티고 있다. 한국인은 또, 해방 이후 농지개혁을 통한 부의 평등을 이뤘다. 식민지 시절 공산당 간부였던 조봉암은 이승만 대통령 밑에서 농림부장관을 맡으면서 농지개혁법안을 만들어 농지개혁을 이뤘다. 그래서 대한민국의 소작농은 모두 자영농으로서 새 나라의 국민이 되어 완전한 새 출발을 했다.*

이는 만세일계(萬世一系)의 천황**이 지배한다고 믿어지는 일본과 대비된다. 4세기경에 성립한 천황제는 봉건제 하에

---

* 주대환, 『시민을 위한 한국현대사』, 나무나무, 2017, 32~33쪽
** 대부분의 매체에서 '천황'을 '일왕'으로 표기한다. 다만, 이곳에서의 '천황'은 일본인의 특성을 다루는 역사적 맥락에서 사용하였으므로 본래의 한자어가 드러나는 '천황'이라는 단어를 사용하기로 한다.

서 유명무실해졌지만 메이지유신 때 다시 힘을 얻었고 오늘날에도 유지되고 있다. "일본은 천황이 지배하는 나라"라는 이런 과거가 일본어에 새겨져 있다. 일본어 중에는 '고(御)'라는 접두사가 자주 쓰인다. 밥을 '고항(御飯)'이라고 하고 "아시는 바와 같이"라고 말할 때 "고존지노요오니(御存知のように)"라고 한다. '고(御)'는 한국말로는 '어'라고 읽는데, 이는 왕을 의미한다. 어의(御醫)는 왕족의 병을 치료하는 의사이고 '세종어제훈민정음'은 '세종대왕이 만든, 백성을 가르치는 바른 언어'라는 뜻이다. 일본에서 '어'는 물론 천황을 의미한다.

일상에서 천황을 대하는 언어를 쓰는 일본인들은 스스로 신민(臣民)의 의식을 갖는다. 이는 일본인들이 '서번트리더십'을 발휘하는 신사라는 뜻이기도 하다. '야사시이'라는 일본어로 표현되는 일본인들의 '친절'은 '세계적으로 유명하다. 그러나 혁명을 겪지 않은 일본인, 정치 변동이 적고 평화적인 상황에서 주어진 일을 성실하게 해내는 일본인들은, 주체적으로 일을 처리하는 데는 서툰 면이 있다. 일본은 마치 모든 것이 예정조화돼 있는, 플라톤의 『국가』에 나오는 '공화국'의 나라로 보인다. 반면 한국은 아리스토텔레스의 『정치학』에 나오는 민주주의의 나라다. 이상국가로서의 공화국은 전체주의의 위험성이 있고 민주주의 국가는 중우정치로 갈 위험성이 있다.

한국인은
진영논리에
쉽게 매몰된다

한국인들에게는 인종 갈등이나 종교 갈등이 없다. 한국인은 '단군 이후 5000년 역사'로 표현되는 공동체의식도 공유하고 있다. 그럼에도 한국에는 연일 '갈등'을 전하는 뉴스가 가득하다. 진영에 따라 각기 몇만, 몇십만이 같은 날 서로 반대되는 주장을 내세우며 집회를 하는 풍경은 다른 어느 나라에서도 찾아보기 어렵다. 객관적인 갈등 요인이 잘 보이지 않는 한국인데, 갈등은 어디에서 유래하는 것일까? 그것은 '옳음의 추구', '의리의 추구' 그리고 '비판정신'으로서의 한국 철학에서 유래한다.

'비판정신', 이것은 한국인의 위대함이다. '왕'의 전횡이나 독재를 견제하기 위해서 끊임없이 비판해야 한다는 정신 때문

에 조선왕조는 나름의 도덕률을 지킬 수 있었고, 500년을 이어
갈 수 있었다. 1987년의 독재에 대한 항거도 그런 정신에서 비
롯됐다. 사실은 산업화를 이룬 정신도 같은 철학에서 나왔을
것이다. 오구라 기조는 "한국은 '하나의' 철학이다"라고 갈파했
는데, 하나의 철학을 갖고 있는 민족이 이룬 두 업적이 서로 다
른 정신에서 나왔을 리가 없다.

　　그러나 그 위대한 비판정신은 곧 한국인의 비루함의 실체
이기도 하다. '비판'이 '내 편'이나 '우리 가문'의 이익을 위한
방편으로 전락할 때 그 결과는 처참하다. '정의'를 위한 투쟁과
'우리 편의 이익'을 위한 투쟁 사이에 경계는 모호하며, 현실에
서 사람들은 자주 선을 넘는다. 경계를 넘지 않기 위해서 필요
한 성찰은 잘 보이지 않는다.

　　그레고리 헨더슨은 한국 정치의 이런 측면을 '소용돌이'에
비유했다. "한국의 정치는 모든 것을 쓸어버리는 소용돌이와도
같아서, 별 의미도 없는 정치 투쟁 때문에 나라에 남아나는 것
이 아무것도 없다"라는 것이 '소용돌이의 한국정치'의 골자다.
헨더슨의 이런 비판은 한국인의 철학에 대한 몰이해로부터 비
롯된 측면도 있지만, "'공리공론'으로 세월을 허비한다"라는 말
은 사실 한국인들이 스스로를 비판할 때 쓰는 말이기도 해서
전혀 틀린 말은 아니다. 헨더슨은 "1987년 현재 세계에서 가장
오래되고 가장 끊임없이 지속된 정치체제를 가진 나라 중 하나
인 한국에 어째서 7년 이상 된 정당이 현재 하나도 남아 있지

않은가"*라는 질문을 던진다. "한국의 정치가 구체적인 '사람'을 중심으로 전개돼 오면서 추상적인 '이념'을 세우는, 파벌이 아닌 진짜 정당을 만드는 데는 실패한 것이 아닌가"라는 이런 질문은 아직도 유효하다.

2020년 벽두에 열린 토론회에서 한 패널은 이렇게 말했다. "대한민국처럼 미디어가 과잉정치화된 나라도 없다. 그러면서도 거기에 정치적 내용은 없다." 프랑스의 철학자 기 소르망은 동아일보의 '신년 석학 인터뷰'에서 "한국 정치는 복수(復讐)에 함몰돼 내전을 벌이고 있다"라며 안타까워했다.

한국에서 창당이나 당명의 개칭은 추상적 이념보다는 명망가들의 이합집산에 의해서 이루어진다. 언론에서 정치를 묘사하는 단어들도 나라의 정책이 아니라 정치인들의 이합집산에 집중된다. 문재인 대통령과의 친소관계에 따라 친문, 반문, 비문이라는 언어들이 언론을 장식한다. 박근혜 대통령 때는 친박, 비박, 진박 등의 용어가, 노무현 대통령 때는 친노, 반노 등의 용어가 난무했다. 미국 언론에서는 구체적인 정책에 대한 논란이 있을 뿐, "누가 친오바마이고 누가 반오바마인가"라는 기사는 찾아볼 수 없다. 한국에서의 진영논리는 뿌리가 깊다.

계파 간의 투쟁, 정당 간의 투쟁이 치열한 한국 정치에서

---

* 　그레고리 헨더슨 저, 박행웅, 이종삼 옮김 『소용돌이의 한국정치』, 한울 아카데미, 2000, 308~309쪽.

제도나 시스템에 대한 고민은 묻혀버린다. 여당과 야당은 과거 야당과 여당이었을 때의 자신들의 주장을 아무 성찰 없이, 논리적 설명 없이, 그때와 지금의 주장이 왜 바뀌었는지에 대한 설명 없이 손바닥 뒤집듯이 뒤집는다. 이를 문제시하는 시민들도 많지 않다. 오히려 소속 당을 비판하면 "다른 당으로 가라"라는 비난이 돌아온다.

이런 행태의 배경에는 '인간관계'를 중시하는 태도, 그리고 그에 기반 한 '진영논리'가 있다. "내가 존경하는 우리 선생님은 항상 옳다", "우리 편은 옳고 상대편은 그르다"라는 편견에 빠져, '우리'와 '그들'이 만나서 만들어내는 객관적 상황이나 문화, 제도, 시스템에는 관심을 기울이지 않는다.

'사람'을 중시하는 한국의 철학은 어디에서건 '사람'을 원인으로 지목하려 한다. 불행한 사건이 터지면 '희생양'을 찾는 데 몰두한다. '나쁜 놈'을 찾아서 벌하여 정의를 실현하려는 욕구는 강하지만 '나쁜 시스템'을 고치는 데는 그만한 열의를 발휘하지 않는다. 우리는 세월호 사건으로 온국민이 비통해했고 극단적 갈등 속에서 세월호특별조사위원회를 만들어 조사했다. 그 과정에서 세월호 선주(船主)나 선장(船長)이 '악마'로 몰렸고 해경(海警)도 혐의를 받아 해체됐으며 대통령까지 갈렸다. 그러나 "어떤 시스템이 문제였는지"에 대한 보고서는 사건 발생 7년째인 2020년 현재에도 아직 없다. 만약 그 '시스템의 문제'를 찾아내어 이를 개선한다면 세월호의 영령(英靈)들은 대한민국의 길을 밝혀줄 수호신이 되는 셈이어서 유족들의 한(恨)도 씻길 텐데 말이다. 사람들은 그저 세월호의 비극을 낳은 구정권이 단죄됐다는 사실에서 위안을 삼을 뿐이다. "세월호를 우리의 희망으로 전환시켜야 한다는 '희망의 세월호' 이야기는 아주 일부의 사람들에게만 공유되고 있으며 그마저도 퇴색하고 있는 듯 보인다.

대한항공의 사례는 이와 크게 대비된다. 대한항공은 1990년대에 사고가 빈발했기 때문에 델타항공에 의뢰해서 원인을 진단했다. 델타항공은 "사고 원인은, 부기장이 기장과 다른 의견이 있어도 기장의 권위를 존중하느라 말을 못하는 문화에 있다"라고 진단했다. 그래서 사람들은 그대로 두면서 문화를 바꿈으로써 문제를 해결했고, 이후 대한항공은 사고율을 크게 낮췄다.

히딩크도 한국 축구의 문화를 바꿈으로써 효과를 봤다. 단체 운동인 축구는 선수들 간 소통이 팀워크를 위해서 중요한데, 선배의 이름을 부르는 것을 불경으로 여기는 한국 문화 때문에 운동장 내에서 소통이 막힌다는 사실을 간파하여 선배건 후배건 이름을 부르게 한 것이다. 히딩크는 이렇게 선수단의 문화를 바꿨고 거기에 자신의 전략을 입혀서 월드컵 세계 4강을 일궈냈다.

한국인은
갈등 구조가
독특하다

심리학자 허태균은 2015년에 발간한 그의 책, 『어쩌다 한
국인』에서 한국인의 현재 심리를 '사춘기'라고 표현했다. 사춘
기란 성숙한 어른이 되기 전에 거치는 '질풍노도의 시기'를 말
한다. 한국인이 전통의 가치관과 현대의 가치관 사이에 혼돈을
느끼고 있다는 것이다. 유학자 함재봉도 그의 책, 『유교, 자본
주의, 민주주의』에서 한국은 전통의 예절을 잃어버렸고 새로
운 예절은 아직 서지 않았다고 지적한다. 그는 "지난 100년에
걸친 근대화 과정에서 근대의 사적 개인과 유교적 군자의 두
가지 정치적 인간형이 끊임없이 충돌을 일으키면서 한국인의
정치적 사고를 규정하여 왔다"라며 "우리는 자유주의를 이상
으로 삼고 있는 동시에 도덕정치도 요구하고 있다. 이것은 과

연 가능한가?"라고 묻고 있다.*

이러한 가치관의 충돌은, 예컨대 정계(政界)에서 자주 나타난다. 서구적 민주주의를 운용하는 데 필요한 정객들 중 많은 사람들이 유교적 도덕의 기준을 맞추지 못해서 청문회를 통과하지 못한다.

그러나 이것은 비단 정계에서만의 일이 아니다. 시민들의 일상에서도, 이런 갈등은 끊임없이 일어난다. 서구의 갈등 해결 이론을 무턱대고 한국사회에 적용하는 것이 무망한 것은 이 때문이다.

유교적 도덕, 정의 등으로 무장한 한국 사람들은 치열한 사람들이다. 그렇기 때문에 갈등도 치열하다. 그리고 그 갈등이 자주 '가치관의 갈등'의 형태로 드러나며 특히 '감정'의 문제로 비화하는 경우가 많다. 이런 한국인의 갈등 특성은 '드라마'에서도 드러난다. 한국 드라마에서는 유독 뺨을 때리는 장면이 잦다. 뺨을 때린다는 것은 "너는 부도덕한 자야"라고 말하는 행동이다. 이렇게 자신만의 도덕으로 무장된 캐릭터들 때문에 한국의 드라마는 그야말로 '드라마틱'하다고 일본인 오구라 기조는 말한다.

드라마의 갈등에 이렇게 '도덕'의 색깔이 덧입혀지는 것은 그것이 실제의 삶에서도 일어나고 있기 때문이다. 주먹이 오가

---

*   함재봉, 『유교, 자본주의, 민주주의』, 전통과 현대, 2000, 29쪽.

기 직전의 길거리 싸움에서도 "너 몇 살이냐?"라며 위압을 가하는 모습이 20세기까지는 자주 보였다. 이것은 허태균이 말하는 '가족확장성', 즉 "우리는 모두 한 가족이며, 그러니 연장자를 우대해야 한다"라는 이데올로기를 길거리 싸움꾼까지도 받아들이고 있다는 증거가 된다. 상대를 비난할 때 "공부도 못하는 놈"이나 "배우지 못했다"라는 등의 언사가 등장하는 것도 사농공상의 의식, 즉 '선비'를 우대하는 가치관에서 비롯된 것이다.

"내가 누군지 알아?"라며 위력을 행사하려는 태도도 구시대의 행태다. 이 말은 "내가 리(理)를 실현하는 사람이다" 혹은 "이 사회에서 리(理)를 실현하는 권력 집단과 내가 굵은 연줄을 갖고 있다"라는 말이며 "그러니 너는 내게 무릎 꿇어야 한다"라는 뜻이다.

이런 '전통 대 현대'의 갈등 구조는 가정 안까지 침입한다. 아들의 교육을 둘러싼 엄마와 아빠의 갈등을 예로 들어보자. 엄마는 평소에 "좋은 대학이 인생의 질을 결정한다"라고 생각하고 있다. 아빠는 "공부와 대학이 결코 행복의 기준이 될 수 없다"라고 생각한다. 이런 가치관의 차이가 구체적인 갈등으로 표출되고, 급기야 서로에 대한 비방으로 번져 감정의 문제가 돼 버린다. 이럴 때 어떡해야 하는가?

궁극적으로, 서로의 가치관을 인정하는 것이 해결 방안이 된다. 즉 하고 싶은 것을 하면서 적성에 맞는 대학에 가고 인생을 사는 방법과 경쟁의 현실에서 좋은 조건을 확보할 수 있는 대학 진학 방법 모두를 상호 인정하는 것이다. 그다음으로 '상위의 개념' 즉 목적에 초점을 두는 것이 차이를 좁히는 방안이다. '좋은 대학'이나 '적성에 맞는 대학'이나 모두 아들의 행복을 위한 것 아닌가? 따라서 엄마와 아빠는 아들에게 충분히 자신의 방법을 설명하고 아들이 어떤 결정을 하더라도 수용하는 것이 방안이 될 수 있다.

전통과 현대의 갈등은 직장에도 스며들어 있다. 부하 직원과 상사가 서로 신뢰를 하지만, 갈등하는 경우를 보자. 신사업팀의 강팀장은 일처리가 신속하고 정확한 정대리에게 "사장에게 보고할 회의 일정을 빨리 보내 달라"라고 요청했다. 정대리는 "이런 단순 업무까지 내가 다 도맡아 해야 하느냐"라며 격앙된 목소리로 항의했다. 강팀장은 팀워크를 중시했고 그래서 자주 회식을 하면서 팀원들의 스트레스를 풀어주려 노력했는데, 과중한 업무에 치이는 정대리에게는 회식 자체가 스트레스였다.

이 갈등을 어떻게 해결해야 하나? 가장 우선시돼야 하는 것은 소통방식이다. 강팀장은 자신의 입장에서 회식이 필요하다고 짐작했고, 정대리는 상사에 대한 '어려움'으로 정확하게 자신의 입장을 전달하지 못했다. 사실 '어렵다'라는 말은 일본어로도 번역할 수 없는 한국 고유의 언어다. 상사가 '어렵다'라는 것은, 상사가 싫거나 상사가 무능하다는 것이 아니라 오히려 상사가 능력이 있고 좋지만, 그렇기 때문에 오히려 소통이 수월치 않음을 뜻한다. 이는 수직적 질서, 그리고 상사나 연장자에 대한 예의를 강조하는 한국문화의 독특한 점이다. 이런 상황을 알아챈 위에서 원활한 소통을 해야 하며, 그럼으로써 업무 분배, 회식문화 등을 바꿔야 한다.

한국인들은 누구나 '주인공'이 되고 싶어 한다. 유교적 '사회관계 지향성'을 지니고 있는 한국인 사회에서는, 예컨대 전직 단체장과 현직 단체장 사이에 갈등이 잦다. 단체장을 그만두었더라도 인간관계의 끈을 유지하면서 활동하고픈 전직 단체장과, 자기중심으로 일을 이끌려 하는 현직 단체장 사이에 갈등이 생기는 것이다. 전직 단체장이 집행부 동의 없이 친분 있는 사람들로 구성된 모임을 만들고 그 단체 명의로 프로그램을 개설한 한 교육단체를 예로 들 수 있다. 이 경우, 현직 단체장은 전직 단체장의 '월권' 여부를 조사하는 '진상조사위원회'를 꾸려서 대처할 수도 있다. 전직 단체장이 조사 결과를 수용하지 않으면 징계 절차를 밟을 수도 있다. 그러나 조사 결과는 또 다른 갈등으로 증폭될 뿐이다.

이럴 경우, 당사자들의 숨겨진 선의를 파악하고, 당사자 모두가 원하는 방식을 찾아 문제를 해결해야 한다. 전직 단체장은 그간의 자신의 노력을 인정받고 지속적인 역할을 하고 싶다. 현직 단체장도 자신이 단체장임을 인정받고 새로운 방식으로 단체를 운영하고 싶다. 이런 바람들을 '모두 만족하는'

방식, 예컨대 주요 사항을 결정할 때 현직 단체장이 전직 단체장에게 자문한다든지 혹은 정기적인 전현직 단체장의 개별만남으로 자문의 시간을 갖는 것이 해결책이 될 수 있다. 물론 전직 단체장이 현직 단체장의 사업방식을 인정해야 한다는 전제가 있어야 한다. 이렇게 해서 '더 큰 단결'로 나아가는 것이 해결책이다.

물론 모든 갈등이 가치관의 갈등은 아니다. 그러나 어떤 방식의 문제 해결을 위해서든 조정가가 필요하다. 혹은, 갈등 당사자 자신이 조정가의 마음을 가져야 한다. 조정 과정은 우선 당사자들 간에 가치관의 충돌로 인한 '마음'의 상처를 치유하는 것부터 시작한다. 이는 자신의 가치관을 고집하지 않고 상대의 가치관을 받아들임을 의미한다. "사람은 모름지기 이렇게 살아야 한다. 나는 그렇게 사는데 상대는 그 반대로 산다"라는 식의 관념을 타파해야 한다. 그 후에 상대가 진심으로 원하는 것은 무엇이고 내가 원하는 것은 무엇인지를 서로가 잘 볼 수 있도록 해야 한다. 그러면 갈등 해결의 실마리를 잡을 수 있다.

때로는 서로가 귀 기울여 들어주는 '경청'만으로도 갈등이 풀린다. 갈등 조정의 현장 경험에서 보면, 의외로 경제적인 문제, 치료비나 보상금 등의 문제는 중요하지 않다. 자신이 큰 피해를 봤다며 터무니없는 요구를 하던 사람이 '왜 내 얘기를 진작에 들어주지 않았느냐'라며 모든 고소를 취하하는 것을 보

고 갈등 해결 책임 기관 관계자들이 놀라는 경우를 많이 접하
는 것이다. 이것은 한국 사람들이 무엇보다 자신의 진정을 인
정받기를 갈구하고 있음을 방증하는 사례다.

한국인은
'스스로를 보는 눈'이
필요하다

사회가 개선되기 위해서는 문화가 바뀌어야 한다. 추상같은 사법체계가 갖춰져서 범죄를 예방해야 하지만, 그것은 한 부분일 뿐이다. 개개인의 사고와 행동이 개선되지 않으면 사회는 앞으로 나아갈 수 없다.

사고와 행동을 개선함이란, 곧 '성찰'을 의미한다. '내'가 평소에 어떻게 생각하고 어떻게 행동하는지를 보아야, 혹은 '우리'를 조종하는 우리들 머릿속 행동 원리는 무엇인지를 보아야 변화가 가능하다.

한국인은 세계적으로 '상처'가 많은 민족이다. 마르크스주의 철학자 슬라보예 지젝은 "한국이 빠른 산업화를 이룬 것은 근대에 깊은 상처를 입었기 때문이다"라고 말했다. 상처를 입은 조개가 진주를 밴다. 그러므로 상처란 곧 자산이다. 법륜 스님은 "젊었을 때 고문을 당했고 그것을 이겨내 여러분들에게 이렇게 강의하는 내가 부럽죠?"라고 장난스럽게 말한다. 스님은 수사관들이 자기들끼리 딸 대학입시 걱정하는 것을 우연히 보면서 "저 사람도 저 사람 나름의 정의가 있겠구나"라고 생각했다고 한다.

한국인은 가문을 중심으로 하는 붕당정치의 전통이 있었고 '옳고 그름'을 따지는 시비지심(是非之心)이 투철하다. 그것이 때로 '진영논리'에 빠지게 했고 그것은 한국 정치의 큰 폐해였으며 갈등을 불렀다.

군사독재 시절에는, 힘의 불균형 때문에 한쪽 의견으로 밀고 나갈 수 있었다. 그것은 다른 한쪽의 희생을 대가로 치렀다. 정치 민주화를 이룬 현대에 이는 불가능하다. 사람들이 서로를 인정하고, 처지를 바꾸어서 생각하며, 협상하고 조정하지 않으면 한발자국도 앞으로 나갈 수 없는 시대다.

그러면 어떻게 해야 하는가? '함께 사는 기술', 협상하고 조정하는 기술을 연마해야 한다. 그러면서 "내가 옳고 상대는 그르다"라는 생각을 버려야 한다. 상대는 나의 적이 아니라, 오히려 내 문제를 해결할 '문제 해결자'라는 사고방식을 가져야 한다.

성찰의 과정은 한국인의 특성으로서의 '정의'의 관념, 옳고 그름을 따지는 '시비지심' 그리고 이에 기반 한 "해야 한다"

라는 정신 때문에 방해받는다. 그래서 갈등이 증폭된다. 옳고 그름을 따지고 정의를 실현하는 일이 불필요한 일이라서가 아니라, 그 일이 필요하기 때문에 오히려 더 그렇다. 이런 경향을 가속화시키는 것은 한국인들이 처한 지정학적 위치이며 국제정치적 환경이다. 한국인이 처한 갈등 상황은 한국인의 '정체성'과 밀접하게 연결돼 있다. 한쪽 주장을 옹호하거나 비판하는 일은 곧 '흑백논리'로 구분되며 '이쪽 편이냐 저쪽 편이냐', '아군이냐 적군이냐'의 문제로 굴절된다. 북한을 옹호하는 자에게는 인권말살주의자라는 낙인이, 북한을 비판하는 자에게는 반민족주의자라는 딱지가 붙는다. 그런데 북한 옹호자는 민족주의자이고 북한 비판자는 인권주의자이며, 오늘 우리는 이 둘 중 하나도 버릴 수 없다.

집단 갈등은 개인 갈등보다 통제가 더 어렵다. 개인 운동인 테니스의 경우, 선수 자신이 자신에게 유리하게 내려진 오심을 바로잡는 경우가 많았다. 그래서 테니스는 '신사의 스포츠'로 알려져 있기도 하다. 그러나 축구나 농구 등 팀 스포츠의 경우는 어떻게든 자기 팀에 유리하도록, 안 보이는 곳에서 상대를 가격하고, '할리우드 액션'을 하고, 심판에게 거칠게 항의한다. 우리가 처한 국제정치적 상황은 이런 집단 갈등 중에서도 최악의 상황이라고 할 수 있다. 그래서 갈등의 평화적 해결과, 이를 위한 성찰은 우리에게 더욱 절실하다.

에필로그

조형일은 "모든 사람이 행복하고 평등한 세상을 만들겠다"라
는 꿈을 갖고 앞만 보고 달렸다. 그러다 돌멩이에 걸려 넘어
졌다. 그 돌멩이는 '동료와의 갈등'이었다. 갈등이 너무 커서
아무 일도 할 수가 없었다. 모든 사람의 행복을 이루겠다는 사
람이 바로 옆 동료를 힘들게 한다면 그건 모순이기도 했다. "포
기해야겠다, 이제 그만두자." 사표를 쓰고 무작정 산에 올랐다.
"앞으로 무얼 하지?" 고민 끝에 "내 문제를 해결하자"라고 결
론지었다. "인간관계에서 힘들고 어려운 문제, '갈등 해결'을
나의 일로 삼자"라고 생각했다.

    갈등 해결을 공부하면서 신세계가 열렸다. "옳고 그름의
주관적 판단을 뛰어넘으라"라는 '갈등 해결학', '평화학'의 가
르침 덕에 상대를 멋대로 규정하는 과거의 사고 습관에서 벗

어났다. "감정이 풀리지 않으면 문제 해결은 없다"라는 말을 듣고 '문제'에만 집중하던 오류를 깨달았다. "모두가 만족하는 방안을 찾아라"라는 가르침으로 해서, '불의에 대한 응징'보다도 더 높은 이상을 갖게 됐다. 자신이 그동안 해온 일이 '모든 사람'이 아니라 '일부 사람'들을 위한 일이었음도 깨달았다.

깨달음을 현실에 적용하느라 좌충우돌했고, 지금은 나름 갈등 조정을 원만히 하게 됐다. 그러나 처음에는 참조할 만한 '한국에서의 갈등 조정 사례'가 없어서 애를 먹었다. 이런 갈증의 기억이 "이 사회의 갈등을 해결해보겠다고 나설 분들을 위해 책을 써야겠다"라는 서원(誓願)으로 이어졌다.

* * *

김왕근은 신문 기자, 논술 강사, 토론 코치 등을 거쳤으므로 스스로 '소통 전문가'로 자처했다. 그러나 토론 교육 사업을 하면서 동업자와 갈등을 빚었으며 가정 내에서 그리고 주변 인물들과도 불화가 잦아 "내가 소통 전문가 맞나?"라는 회의가 들었다.

그때 불교 이론을 만났고, 스스로 소통에 있어서의 정서적 측면을 인지하지 못하고 있었음을 깨달았다. 그래서 불교를 공부했고, 마음을 다스리면서 갈등이 줄었다. 조계종 화쟁위원장 도법 스님을 사사(師事)하면서 스님의 전기 『길과 꽃』을 출간

했고 한동안 무크지 『붓다로살자』 편집장으로 일했다. 그 길의 끝에서 스스로 "우리를 바로 봅시다"라는 화두를 만들었다.

조형일 조정가와 '화쟁템플스테이'를 함께 운영하는 등의 경험으로 '갈등 조정'의 세계를 알게 됐다. 그것은 불교 이론의 연장선상에 있는 일이었다. 갈등 조정은 또한 주자학적 세계관으로 굳어진 한국인의 마음을 치유하여 진정한 문명인으로 거듭나게 할 해독제로 느껴졌다. 또한 갈등 조정가의 시각에서 집단 갈등의 상황을 보는 일이 '우리를 바로 보는' 일이라고 생각되어, '집단 갈등'을 정리하는 일에 함께하기로 했다.

* * *

2019년 봄, '갈등 조정'이 우리 시대의 '시대정신'이어야 한다고 생각한 둘은 의기투합해 공동저술 작업을 시작했다. 일주일에 평균 1회 만나, 책을 어떤 방향으로 써야 하는지에 대해서 토론했다. 함께 서울 노량진 수산시장, 대구 도매시장, 지리산 실상사 및 경북 함양군, 충남 서산 지역으로 취재여행을 가기도 했으며 갈등 조정에 임했던 갈등 당사자들 및 조정가들도 인터뷰했다.

그런데 2019년 세밑, 이 책의 집필을 마무리하는 시점에 "근본적인 질문을 하겠다"라며 조형일이 김왕근에게 물었다. "이것은 교재인가 다큐인가 에세이인가."

김왕근은 "다큐멘터리다"라고 즉답했다. 이 책을 두 사람이 함께 집필하기 시작한 것은 독자들에게 '한국에서의 집단 갈등 조정 현장'을 보여주고 싶었기 때문이다. 이 책 4장에 최근 몇 년간 이루어졌던 갈등 조정의 기록들을 실은 것은, 심각한 갈등으로 고통 받고 있는 우리 사회에 갈등 해결의 경험들이 소중한 자산이 되리라고 생각했기 때문이었다. 우리는 갈등의 국면에 처해서 사람들이 어떤 생각들을 했고, 그런 생각들이 조정 과정을 거치면서 어떻게 바뀌었는지에 초점을 맞추었다. 현장에서 직접 발로 뛰면서 갈등 조정을 총지휘한 조형일이 당시 합의문 등의 자료를 보여주면서 사건의 개요를 설명했고 김왕근이 이를 글로 정리했다. 거기에 취재여행을 가고 당사자들을 인터뷰한 내용을 더해, 좀 더 입체적인 시각에서 갈등 해결 과정을 기술하려고 노력했다.

　　그러나 원래 이 책을 기획한 것은, 조정가가 되고 싶은 사람들을 위한 '교재'의 필요성을 느꼈기 때문이기도 했다. 진영논리가 팽배하고 갈등이 첨예화하는 이 사회에 '조정가'를 길러내는 일은 매우 중요한 일이었으며, 조정가에 대한 수요도 많아지고 있다고 우리들은 생각했다. 1장~3장에서 조형일이 그 동안 연구하고 정리한 갈등 해결 및 갈등 조정의 이론을 설명한 것은 이 때문이었다.

　　이 책을 쓰게 된 근본 동력 중 또 하나는 "우리 사회가, 우리의 사고방식 및 행동이 이런 방향으로 바뀌었으면 한다"라는 바람이었다. 이를 논하기 위해서는 무엇보다 "한국인, 우리는 누구인가"에 대한 시각이 있어야 했다. 우리가 어떤 방향으로 바뀌어야 한다고 말하는 것은 우리가 과거에 어땠고 지금은 어떤 상황에 있다는 인식과 밀접하게 관련이 있다. 그래서 책의 마지막에 이런 내용으로 에세이 형식의 글을 썼다.

그런데 '책'이란, '하나'의 내용을 쓰는 것이지 여러 내용을 쓰는 것이 아니다. 그래서 "하나의 책에 너무 많은 내용을 담아 책이 어지러워지는 것은 아닐까?"라는 데까지 생각이 나아갔다. 이 책이 다큐인지 교재인지 혹은 에세이인지를 묻는 질문은 그런 우려를 담은 것이었다. 우리는 4장을 뺀 나머지 부분을 대폭 축소하는 방안에 대해서 심각하게 고려했다. 그러나 그럴 경우, 4장만 갖고는 내용이 너무나 소략했다. '다큐멘터리'라고 하면 구체적인 사실들이 주는 울림이 있어야 하는데, 우리가 취재하고 기술한 내용만으로 책이 되기에는 양적으로 너무 부족해 보였다. 조형일 조정가가 해결한 갈등은 여기에 쓴 것 말고도 많으며 지금도 계속 조정을 하고 있기는 하지만, 그것들을 추가하려면 또 너무나 많은 시간이 걸릴 듯했다. 우리는 "조정가를 길러내고 갈등을 평화적으로 해결하는 문화 만들기에 빨리 착수해야 한다"라며 초조해하고 있었기 때문에 책 발간을 더는 미룰 수 없었다.

게다가, 1장~3장의 내용이 꼭 조정을 전문적으로 하는 전문가에게만 필요한 것은 아니기 때문에 빼고 싶지 않았다.

예컨대 "상대를 우군이나 적으로 보지 말고 '문제 해결자'로 보라"라는 말은 '진영논리'에서 허우적대는 우리 사회에 하나의 방향 제시 역할을 할 수 있을 것으로 생각했다. 조정의 원칙 중 '중립의 원칙'도 시사하는 바가 크다. 조정가가 갈등의 양 당사자들 사이에서 조정을 할 때, '시시비비'를 가리는 마음을 버려야 한다. 어느 한 편이 옳다고 생각되는 순간, 조정은 난관에 봉착한다. 조정가가 가장 심혈을 기울여야 하는 부분도 이 부분이고 또 가장 어려운 부분도 이 부분이다. 조정가는 어느 한쪽 집단에 매몰되지 않고 '경계'에 서는 사람이다. 그런데 이렇게 '경계'에 서는 노력은 민주사회 시민이 갖추어야 할 기본 품성이기도 하다. 어느 한 진영이 옳고 다른 진영은 그르다는 생각에서 벗어나, 대립하는 양 진영이 모두 일리가 있을 수 있다는 열린 마음이 우리에게 필요하다. 이 책은 "그런 마음을 어떻게 유지할 수 있는지, 도대체 그것이 가능하기나 한지"에 대한 대답이기도 하다.

결국 우리는 이 책을 '개론서'라고 생각하기로 했다. "지금 한국 사회에 왜 갈등 조정이 필요한가", "평화적 갈등 해결이나 갈등 조정은 어떻게 하며 그 원리는 무엇인가"부터 갈등 조정의 사례까지, 갈등 조정을 설명하기 위한 여러 요소를 이 책에서 조금씩 다 소개한 셈이기 때문이다. 우리는 "독자들이 평화적 갈등 해결에 대한 전반적인 이해를 할 수 있다면 그것으로 이 책의 의미는 있을 것"이라고 생각하기로 했다.

* * *

갈등이란 갈등 주체의 '세계관'의 충돌이라고 할 수 있다. 혹은 같은 세계관 내에서의 '의견'의 충돌이다. 갈등을 다루기 위해서는 갈등의 국면에 처한 사람들의 이런 '의식'의 측면을 파악하는 일이 긴요하다. 그래서 우리들은 한국 사람들의 세계관은 어떤 것이고, 그것이 역사적으로 어떻게 형성되었는지에 대해서 정리했다. 필자들은 "5장에서 정리된 한국인의 세계관이 시장바닥에서, 노동조합운동의 한복판에서, 거대한 댐 건설의 현장에서 갈등으로 표출되고 있구나"라고 느꼈다. "독자들도 4장을 읽으면서 그런 느낌을 공유할 수 있었으면" 하고 우리는 기대한다.

그런데 "한국 사람들의 세계관이 이렇다"라고 말을 하는 것은 쉬운 일이 아니다. 사람의 생각을 이러저러하다고 규정하는 것은 그 자체가 폭력일 수 있기 때문이다. "우리 사회에서 갈등을 어떻게 해결할 것인가"를 논하는 자리는 종종 그 갈등이 재연되는 자리가 되어, 토론의 효과가 무화(無化)되며 오히려 역효과만 가져온다. 한국인들이 일반적으로 어떻게 진영 논리에 빠지고 어떻게 서로를 오해하고 공격하는지 지적하는 순간, 지적을 하는 그 사람 또한 분열된 양 진영 중 어느 한쪽으로 편입되는 이 문제를 어찌할 것인가? 이것은 우리의 화두였다.

그래서 한국의 정치 상황, 한국의 역사 등에 대해서 우리는 가능한 한 언급을 자제했다. 대신 조정가가 현장에서 갈등 조정한 경험을 세세히 쓰는 데에 집중했다. 그래도 우리는 "한국 사람들의 세계관은 이런 것이다"라는 최소한의 말을 해야 했다. 왜냐하면, 이 책을 쓰게 된 동력 중 하나가 "한국인들이 '우리'를 바로 보았으면" 하는 바람이었기 때문이다. 또한 우리를 앞으로 나아가게 하는 것은 '성찰'의 힘일 것이기 때문이었다. 혹여 이런 시도가 독자 중 누군가를 불편하게 했다면, 미리 양해를 구한다.

한국 사람들은
왜 이렇게
서로 싸울까?

모두가 행복해지는 평화적 갈등 해결

초판 1쇄 발행	2020년 5월 18일
지은이	김왕근, 조형일
펴낸이	최용범
편집	박호진, 윤소진
디자인	김태호
관리	강은선
펴낸곳	**페이퍼로드** paperroad
출판등록	제10-2427호(2002년 8월 7일)
주소	서울시 동작구 보라매로5가길 7 1322호
이메일	book@paperroad.net
페이스북	www.facebook.com/paperroadbook
전화	(02)326-0328
팩스	(02)335-0334
ISBN	979-11-90475-13-6(03330)